공자의 철학사상

공자의 철학사상

조 원 일 지음

전남대학교출판부

머리말

오늘날 우리가 살고 있는 세계는 변화와 빠름의 논리가 지배하고 있는 사회라고 할 수 있을 것이다. 고대 중국의 공자로 대표되는 유학사상은 많은 사람들에 의해서 이러한 현대사회의 논리에 부응하지 못하는 고대의 유물로 취급받고 있으며 또한 효율성과 정보화가 담론의 주류를 이루고 있는 오늘날의 사회에는 부적합한 관념체계로 인식되어지고 있다고 할 수 있다. 이러한 시대적 여건 속에서 과거의 사상체계로서 공자의 유학사상은 과연 어떻게 시대를 초월한 보편적인 메시지를 우리들에게 전해 줄 수 있을까?

공자의 사상은 오늘날을 생존하고 있는 우리들이 현실속의 삶 가운데에서 봉착하게 되는 수많은 인생문제들에 대한 직접적이고 효율적인 해결방법은 제시해 줄 수 없다고 말할 수도 있을 것이다. 그러나 다른 한편으로 과연 현대사회의 어떠한 관념체계 혹은 사상이 현재 인간사회에서 발생하고 있는 수많은 문제점들에 대하여 직접적이고 효과적인 해결방안을 제시할 수 있는가? 라고 하는 의문을 제시할 수도 있다. 이러한 의문에 대하여 바로 이러한 관념체계 혹은 저러한 사상이 그러한 문제점들을 효과적으로 해소할 수 있다고 자신 있게 제시할 수 있는 것은 아마도 없을 것이라고 사료된다.

수천 년 이라고 하는 시간의 흐름 속에서 한국과 중국 및 일본 그리고 베트남 사람들의 일반적인 삶의 보편적인 원리로서 역할을 해왔던 공자의 사상은 시간과 공간을 초월하는 보편적 원칙을 통해서 우리들에게 다음과 같은 것들을 전해줬다고 할 수 있다. 즉 우리들에게 진정한 사랑의 의미와 그것의 실천과 정의로움에 대한 각성과 다른 사람과의 관계 속에서 타인을 배려할 줄 아는 마음과 교육의 중요성에 대한 인식을 일깨워주고 성찰 할 수 있도록 해주었던 것이다. 이러한 것들을 바탕으로 우리는 가치 있는 인간으로 거듭날 수 있었던 것이며, 무엇이 올바른 삶의 길인지를 체득할 수 있었던 것이다.

춘추시대라고 하는 수천 년 전에 생존했던 공자가 급변하는 현대사회를 살아가고 있는 우리들에게 전하고자 했던 고대의 유산은 과연 무엇이었을까? 공자는 우리들에게 사랑에 대하여 많은 메시지를 남겼으며, 타인에 대한 배려에 대해서도 적지 않은 이야기를 남겼다. 또한 그의 사상체계 속에는 이상적인 인간이 될 수 있는 방법론에 대한 생각도 담겨져 있고, 백성들의 삶을 풍족하게 만들어 줄 수 있는 경제문제와 도덕교육의 중요성에 대한 소중한 메시지도 담겨져 있으며, 고대 문화전통의 창조적인 계승에 대한 메시지가 담겨져 있다.

필자는 지난 십여 년 동안 강단에서 공자의 유학사상과 관련된 강의를 하면서 틈틈이 연구논문을 작성했는데, 그 가운데 공자의 철학사상에 관한 글들을 모아서 수정작업과 보완을 거쳐 단행본을 세상에 내놓게 되었다.

본서는 공자의 철학사상에 대하여 관심이 있는 사람들이 공자의 사상을 좀 더 구체적이고 체계적으로 이해할 수 있도록 구성하였다. 본문은 모두 여덟 개의 장으로 구성되어 있는데 다음과 같다.

먼저 제1장은 공자의 인성론 문제에 대한 논의 인데, 이 문제는 해결하기 쉽지 않은 문제로서 공자가 인성에 대하여 언급하거나 논술한 부분이 거의 없기 때문에 본문에서는 공자의 인성론에 대하여 공자의 언급들 속에서 인성론 문제와 비교적 가깝게 접근했다고 판단되는 것들을 중심으로 공자의 인성론 문제에 대한 해석을 성상근性相近과 습상원習相遠의 분석과 인仁으로 설명할 수 있는 본성의 문제를 중심으로 시도했다. 이 글은 원래 『중국학논총』 제30집(2010년)에 게재했던 문장을 수정과 보완작업을 거쳐 수록한 것이다.

제2장은 공자의 교육론 문제에 관한 논의로서, 본문에서는 공자의 교육사상 가운데 학문의 방법이란 배움과 사고를 병행하는 것이고, 교육의 내용에는 육예六藝와 육경六經이 있으며, 교육과정에는 네 가지 학과四科와 네 가지 가르침四敎이 있으며, 교육이상은 성인이나 군자와 같은 최고의 인격체를 양성하는 것에 있었다고 하는 내용을 중심으로 논의를 진행했다. 이 글은 원래 『동서철학연구』 제63집(2012년)에 게재했던 문장을 수정과 보완작업을 거쳐 수록한 것이다.

제3장은 공자의 성인론에 관한 논의로서, 공자에게 있어서의 '성인'은 덕성과 그러한 덕성을 통한 정치적 성취를 겸비한 존재인데, 공자는 당시의 현실 속에서 '성인'을 찾아 볼 수는 없었지만 현존하

는 '군자'나 '선인' 등은 모두가 '성인'의 가능성에 대한 한 단서를 이루고 있는 존재들이라고 생각했다. 즉 공자가 묘사하는 '성인'은 고상한 덕성을 갖춘 '군자'와 같은 존재이자 정치적 성취를 이룩한 '선인'과 같은 존재이자 인격을 완성한 요 · 순임금 같은 존재라고 할 수 있는 것이다. 이러한 공자의 '성인관'에 대하여 '성인'의 내적 수양과 정치 · 사회적 성취를 중심으로 조명해보았다. 이 글은 원래 『동서철학연구』 제67집(2013년)에 게재했던 문장을 수정과 보완작업을 거쳐 수록한 것이다.

제4장은 공자의 천인관계론에 대하여, 공자는 '인'으로서 '천'의 초월성과 객관적 유효성을 회복시켜 인간의 도덕생명 기초를 새롭게 건립하고자 하였으며, 하늘은 공자에게 있어서 최종 관심소재였으며 또한 그는 '인'을 통하여 '천'에 새로운 생명력을 부여했기 때문에 공자에게 있어서의 '천'은 도덕가치의 실체가 되며 또한 도덕이 존재해야하는 초월적인 이론 근거가 되는 것이라는 사실에 초점을 맞춰 서술했다. 이 글은 원래 『중국학논총』 제13집(2002년)에 게재했던 문장을 수정과 보완작업을 거쳐 수록한 것이다.

제5장은 공자의 경제 관련 언급들은 대부분 사회 윤리적 관념에 윤색되어져 있지만, 그의 경제사상은 대부분이 전대미문의 창조적인 성격을 가지고 있다고 볼 수 있는데, 재화의 균등한 분배와 선비계층의 직접적인 생산 활동에 참여를 반대한 점 소비측면에 대하여 계층 간의 차별을 인정한 점 그리고 세금부과를 가볍게 해야 한다는 것 등등 이다. 이러한 모두는 공자가 처음 주장한 것들이며, 비교적 간단한 원칙들인 것에 속한다고 볼 수 있다. 이러한 공자의 경

제사상에 대하여 본문에서는 재정 관리론과 생산론 및 분배와 소비·상품 유통론을 중심으로 조명하여 보았다. 이 글은 원래 『동양문화연구』 제14집(2013년)에 게재했던 문장을 수정과 보완작업을 거쳐 수록한 것이다.

제6장은 공자의 정치론 사상에 대하여, 예의를 통해서 자기수양을 한 뒤에 나라를 통치한다고 하는 정형화 된 모습의 예치가 아닌 '외왕' 활동 가운데 찾아볼 수 있는 그 자체에 내재되어 있는 윤리적 개념으로서의 예치의 재해석에 관하여 서술했다. 아울러 덕치와 법치의 대립의 문제와 자기 수양과 정치에의 참여에 대한 구분의 문제 및 예치의 실천 문제도 병행하여 살펴보았다. 이 글은 원래 『중국인문과학』 제47집(2011년)에 게재했던 문장을 수정과 보완작업을 거쳐 수록한 것이다.

제7장은 유가의 기원 문제에 대하여, 유가집단과 그 사상의 연원과 유가집단의 형성을 촉진시킨 요인과 유가집단과 춘추전국시대의 새로운 형태의 국가와의 관계 및 그 결과로 파생된 문제는 어떠한 것들이 있는가?의 문제를 중심으로 살펴보았다. 이 글은 원래 『중국인문과학』 제48집(2011년)에 게재했던 문장을 수정과 보완작업을 거쳐 수록한 것이다.

제8장은 고대 중국 유가사상의 제도적 배경이 되었던 종법제도에 대하여 특히 서주시기의 종법제도를 중심으로 당시의 정치적 경제적 관계 속에서 그것이 과연 어떤 형태로 봉건영주제도에 종속되었으며, 또한 그것이 어떠한 과정을 거쳐서 유가사상 의식형태의

기본토대를 이루었는가에 중점을 두어 살펴보았다. 구체적으로는 종법제도와 분봉작위 및 종법제도와 정치제도 그리고 종법제도와 경제제도에 논의의 초점을 맞춰 서술했다. 이 글은 원래 『유학연구』 제22집(2010년)에 게재했던 문장을 수정과 보완작업을 거쳐 수록한 것이다.

필자는 대학 졸업 후 좀 더 넓은 세상에서 깊이 있는 공부를 하고자하는 갈증을 해소하고 수많은 선현들이 명멸해간 터전에서 그들의 자취를 되밟으며 연구하고픈 욕구를 충족시키기 위해서 타이완 중국문화대학 대학원과 중국의 북경대학 대학원에서 강산이 한 차례 바뀔 시간 동안 고대 중국의 다양한 문헌자료들과 고대의 지적知的전통에 대하여 절차탁마했다. 또한 그러한 지적전통을 연구하는 과정 속에서 고명한 석학들의 가르침을 통하여 엄정한 학문연구 태도를 배울 수 있었던 점은 커다란 자산이라고 생각한다. 이국에서의 유학시절 때로는 지엄하고 때로는 자애로움으로 부족한 제자를 지도해주신 타이완과 북경에 계시는 은사님들의 가르침에 대하여 깊은 사의를 표하고자 한다. 타이완과 중국에서의 유학시절 학문과 인생에 대하여 진실한 태도로 임할 수 있도록 지도해주셨고, 힘들고 어려웠던 순간들마다 늘 용기를 북돋아 주셨으며 또한 장기간의 외국유학생활을 마치고 귀국했을 때, 각박한 현실에 직면하여 힘들어 하고 있던 후배에게 항상 따뜻한 마음으로 염려해주시고 대학 강단에 설 수 있도록 배려해주신 박영종 · 도중만 두 선배님께 '旱天慈雨'란 선현의 말로 감사를 올리고자 한다.

지난 이십여 년 동안 학생시절부터 지금에 이르기까지 공부하는 사위를 변함없이 격려해주시고 항상 태산처럼 커다랗고 든든한 버팀목이 되어주신 장인 · 장모님께 큰 감사를 올리며 늘 건강하시길 기원하는 마음으로 이 조그마한 책을 올립니다.

2013년 가을

남녘땅 屯德齋에서

조원일

제1장 인성론

제2장 교육론

제3장 성인론

제4장 천인관계론

제5장 경제론

제6장 정치론

제7장 유가의 연원

제8장 유가사상의 제도적 배경

제 1 장

인성론

1. 시작하는 말

고대 중국의 사상에 있어서의 인간 문제에 대한 중시 특히 인성 및 인성에 관련된 문제는 중국사상이 가지고 있는 독특한 측면을 보여주는 부분이라고 할 수 있을 것이다. 중국사상의 발전사적인 측면에서 회고해보면, 유가사상은 인간에 대한 탐구를 시초로 탐구의 영역을 인간사회 전반에 걸쳐 확대 발전 시켜왔음을 알 수 있다. 즉 인간에 대한 탐구를 통하여 점진적으로 사고의 대상을 인간 사회의 정치·경제·문화 등의 전반적인 분야에로 확대시켜나갔던 것이다.

유가사상에서는 인간 자신을 대상화시켜 인간의 본질에 대하여 반성적인 사고를 하기 시작하는데, 이렇게 인간이 자신을 사고의 대상으로 인식하기 시작했다는 것은 인간이 자아와 객관적인 실재세계 속에서 다른 존재자의 실체를 의식하기 시작했음을 의미하는 것이다.

유가사상의 인간에 대한 사고는 객관적인 실재세계의 탐구를 통하여 자신의 존재와 다른 사물의 차이를 반성적으로 인식한데 있다. 또한 그들은 인간이 자연계에서 우월적인 위치에 있음을 부정하지도 않았다. 유가사상에서는 비록 인간이 자연계에서 우월적인 위치에 있음을 인정했지만 인간의 본질에 대해서는 명확한 설명을 하지 않았다. 그 이유는 유가사상에서는 실천이성을 중시한 반면 이론의 사변성에 대해서는 중시하지 않았기 때문에 인간 존재를 추상화시키지 않은데 있다고 할 수 있다. 또한 현실생활과 괴리된 인간존재에 대해서는 생각을 할 만한 여지가 없었기 때문에 유가사상의 인간존재에 대한 이해는 모두 실천이성을 출발점으로 삼아 도덕가치의 함의를 담고 있는 것이다.

유가사상의 집대성자라고 할 수 있는 공자의 인성론에 대한 문제는 해결하기 쉽지 않은 문제라고 판단된다. 그 이유는 공자가 체계적으로 인성에 대하여 언급하거나 논술한 부분이 없기 때문이다. 그렇기 때문에 본문에서는 공자의 인성에 대한 견해를 공자의 언급들 속에서 인성론 문제와 비교적 가깝게 접근했다고 판단되는 것들을 중심으로 공자의 인성론 문제에 대한 해석을 시도해보도록 하겠다.

2. 性相近과 習相遠

공자는 '성性'에 대하여 언급을 거의 하지 않았다. 『논어論語』에 언급된 '성'자는 불과 두 곳에서만 발견할 수 있는데, 다음과 같다. 한 곳은 공자가 언급한 "본성은 서로 가까운 것이지만, 습성이 서로를 멀어지게 한다."[1]이고, 다른 한 곳은 자공子貢의 서술에서 이다. 즉 자공이 "선생님의 글과 의표에 대해서는 들을 수가 있었지만, 선생님의 본성과 천도에 대한 말씀은 들을 수가 없었다."[2]라고 언급한 부분이다. 이러한 두 곳에서 언급된 '성'은 과연 '성'이 무엇인가에 대해서는 명확한 해석이 결여되어 있으며, 다만 공자가 인간은

1) 『論語』, 「陽貨」, "性相近, 習相遠."

2) 『論語』, 「公冶長」, "夫子之文章, 可得而聞也; 夫子之言性與天道不可得聞也."

모두 '성'이 있음을 긍정했다는 사실만을 확인할 수 있다.

자공의 서술에 대하여 일부의 학자는 다음과 같은 해석학적 방법론을 제기하는데, 일견 참고할만한 가치가 있다고 여겨진다. 즉 하나는 "선생님의 글과 의표에 대해서는 들을 수가 있었지만, 선생님의 인간본성이 천도에 참여한다는 것에 대한 말씀은 들을 수가 없었다."로서 공자가 언급한 '성'은 '천도天道'에 참여한다고 하는 해석은 형이상학적 영역으로 귀결된다고 할 수 있다. 다른 하나는 "선생님의 글과 의표에 대해서는 들을 수가 있었지만, 선생님의 인간본성에 대한 것과 천도에 대한 말씀은 들을 수가 없었다."로서 공자가 '천도'로써 '성'을 논의한 것으로, 이는 '성'이 주제가 되어 '성'과 '천도'의 연결에 관한 문제를 본 것으로 심성론心性論의 영역으로 귀결된다고 할 수 있는 것이다.[3)]

만일 '성'과 '천도'가 두 개의 논제라면 이 두 가지는 독립적인 논의주제가 될 수 있다. 그렇다면 우리가 이미 알고 있는 것과 같이 이러한 두 개의 주제는 "들을 수가 없었다."가 되어버린다. 그렇기 때문에 그 속의 내용을 파악하는 작업은 난관에 직면할 수밖에 없게 되는 것이다. 그러나 만일 '성'과 '천도'가 서로 관련되어 있는 하나의 주제라고 한다면, '성'과 '천도'에 대한 이해는 반드시 양자의 상관성과 맞물려 있을 것이다. 설사 이와 같다고 가정하더라도 아직 중요한 단서 하나가 문맥 속에 담겨져 있다고 할 수 있는데, 그것은 바로 공자가 채택한 '성'과 '천도'가 동질이라고 한 것과 논급의

3) 林義正, 「論語 '夫子之文章之硏究'」, 『文史哲學報』, 第四十二期, 臺北, 1995년, 9쪽 참조.

방식으로는 '성'과 '천도'의 결합에 대한 문제에 관하여 어떤 식으로 말을 해야만 하는지를 알지 못한다는 것이다. 그렇기 때문에 자공이 "선생님의 본성과 천도에 대한 말씀은 들을 수가 없었다."라고 말한 것이다.

공자는 비록 '성'과 '천도'를 기반으로 윤리 도덕의 학설체계를 세우지는 못하지만, 후대의 맹자가 이러한 공자의 '성'과 '천도'에 기초한 사상을 계승하여 '인仁 · 의義 · 예禮 · 지智'라고 하는 '사단지심四端之心'의 이론을 체계화하여 '성선설性善說'의 관념을 확립하면서 '진심盡心 · 지성知性 · 지천知天'에 이르는 사상체계를 확립하기에 이른다. 만일 맹자의 학설체계가 우연적으로 세워진 것이 아니라고 가정한다면, 다음과 같은 가설을 세워볼 수 있을 것이다. 즉 공자 자신의 이론체계에서가 아닌 그 후학의 학설체계를 통하여 역으로 인성론 체계를 수립한다는 것이다. 다시 말하자면, 맹자의 인성론 체계를 통하여 공자의 인성론 체계를 건립할 수 있다는 가설을 세워볼 수 있다는 것이다. 이러한 가설은 비록 적합하지는 않은 측면이 있기는 해도 꼭 그렇게 요원한 것만도 아닌 것이라고 판단된다. 이러한 사고를 기반으로 하여 인간의 '인仁'에 대한 욕구를 가지고 공자의 인성론 문제를 조명해보는 시도 역시 나름대로 의미가 있을 것이라고 생각된다.

공자가 언급한 "본성은 서로 가까운 것이지만, 습성이 서로를 멀어지게 한다."로부터 '본성'과 '습성'의 대조에 주안점을 두고 공자의 인성론 문제를 파악해보면 다음과 같은 사실들을 알 수가 있을 것이다. 즉 공자가 제시한 '습성'이 사람들의 본성을 서로 상이하게 만드는데, 이러한 상이한 차이는 약간 혹은 소량의 차이가 아니기 때문에 상이함이 매우 멀다(크다)고 말하는 것이다.

'서로 다름'과 '서로 같음'을 상호 대응적인 측면의 입장에서 본다면 다음과 같은 문제가 제기 될 수 있을 것이다. 만일 '습성'의 "서로를 멀어지게 한다."고 하는 것이 나타내는 점이 차이라고 한다면, '본성'과 '습성'은 대립적인 배열을 이루게 되어 대칭적으로 어떠한 의미를 전달할 수 있을 것인가? 또한 '본성'을 말하는 "서로 가까운 것"이라고 하는 것의 실제적인 의미는 과연 무엇인가? 이러한 것을 '서로 같음'을 사용하여 해석할 수 있는 것인가?

'본성'에 대해서는 "들을 수가 없었다."고 하였기 때문에 어떤 의미에서는 '본성'에 대한 정의를 내리거나 그 정확한 의미를 설명하기에는 적지 않은 어려움이 수반된다고 볼 수 있다. 그렇기 때문에 많은 사람들이 한결 같이 아무런 의심 없이 비유나 추리를 통하여 쉽게 터득할 수 있었던 사실은, 공자가 "습성이 서로를 멀어지게 한다."는 사실과 대비하여 '본성'이 "서로 가까운 것"이 된다는 사실을 응용했다는 것이다. "본성은 서로 가까운 것"에 관하여 그것의 정확한 의미가 도대체 무엇을 지칭하는 것인가에 대하여 사람들은 제각기 다른 해석을 내놓는데 다음과 같다. 즉 어떤 사람들은 공자는 인간의 본성은 평등한 것으로 생각해서 극소수의 위로는 뛰어난 품성을 가진 사람들과 아래로는 우매한 품성을 가진 사람들을 제외한 일반적인 사람들의 품성은 선천적으로 평등하기 때문에 공자가 "서로 가까운 것"이라고 언급했다는 것이다.[4)]

---

4) 宋淑萍, 「淵源有自一先秦學術的萌芽」, 『浩瀚的學海』, 北京, 三聯書店, 1991년,

'의리지성義理之性'이나 '인성仁性' 및 '성선性善'의 각도로부터 착수해 들어가 보면 공자가 무엇 때문에 "본성은 서로 가까운 것"이라고 했는지에 대해서 이해하는 것은 쉽지 않은 일이다. 즉 '천도天道'가 내재되어 있기 때문에 본성이 선善하다고 하는 것은 모든 인간에게 똑같이 해당되는 사항이기 때문이다. 그러므로 "서로 가까운 것"이라는 언급은 '서로 동등하다'거나 '그것에 상당한다' 및 '서로 동일하다'는 의미와는 부합되지 않는다.

공자가 언급한 "본성은 서로 가까운 것"이라는 명제에 대하여 '기질지성氣質之性'의 각도로 접근해서 공자의 인성론 문제를 분석해볼 수는 없을까? 라고 하는 의문이 발생하기도 한다. '서로 가깝다'와 '서로 동일하다'는 언급들 사이에는 분명하게 구별이 존재하기 때문에 '본성'에 대한 해석을 시도할 때 '기질지성'의 측면으로 분석해볼 수도 있기 때문이다. 이러한 접근방법은 주자가 견지하고 있는 견해로서 다음과 같다.

> 여기에서 말하는 '성'이란 '기질'을 겸해서 말한 것이다. 기질의 성은 본래 좋아하고 싫어하는 것의 구분이 있는 것이다. 그렇기 때문에 그것을 처음 언급할 때 모두가 서로를 심하게 멀어지게 하는 것은 아니다. 단 습성이 선에 가까우면 선하게 되고, 습성이 악에 가까우면 악하게 되기 때문에 처음에 서로 멀어진다고 한 것일 뿐이다. 정자가 말하기를 여기에서 말한 기질의 성은 성의 본원적인 것을 언급한 것이 아니다. 만일 그것의 본원적인 측면에서 언급한다면 성은 곧 리가 되는 것이다. 이러한 리理에는 불선不善함이 없기 때문에 맹자가 본성은 선한 것이다.

106쪽 참조.

라고 말한 것은 이러한 이유 때문이다. 어디에 서로 가까운 것이 있겠는가?[5]

주자는 선한 본성이 '천天'에서 온 것으로 생각하여, '성선性善'이 의미하는 것은 본성이 서로 같거나 동일하다는 것이라고 말했다. 그러나 공자가 이미 "본성은 서로 가까운 것"이라고 한 언급은 바로 본성에 대하여 그것을 기질과 겸해서 말한 것을 의미한다고 생각했다. 주자의 이러한 관점은 상당히 많은 수에 있어서 반대하는 의견들이 나오게 만드는 결과를 초래했다.

서복관徐復觀과 같은 학자의 경우는 절대로 공자가 기질의 성에 대하여 언급했다고는 생각하지 않아서, "또한 기질의 성은 본래 좋아하고 싫어하는 것의 구분이 있는 것이다. 라는 말은, 곧 기질의 성이 처음에는 좋아하고 싫어하는 것에 대한 구분을 함유하고 있지만 그것이 본성 속에 잠복해 있어 아직 발동하지 않고 있는 상태에 불과한 것이다. 또한 무엇을 근거로 하여 본성 자체가 서로 가까운 것이라는 말을 할 수 있는 것인가? 그러므로 주자의 이러한 두 구문의 언급은 사실상 '구분'과 '가까운 것'이라는 서로 모순되는 어구를 동일한 사물 즉 기질의 성 위에 더한 것이다."[6]라고 주장 한 것이다. 또한 서복관은 『논어』에서 언급한 것이 비록 '기질의

5) 朱熹, 『論語集注』 卷九, 「陽貨第十七」, "此所謂性, 兼氣質而言者也. 氣質之性, 固有美惡之不同矣. 然以其初而言, 則皆不甚相遠也. 但習於善則善, 習於惡則惡, 於是始相遠耳. 程子曰: 此言氣質之性. 非言性之本也. 若言其本, 則性卽是理, 理無不善, 孟子之言性善是也. 何相近之有哉?"

6) 徐復觀, 『中國人性論史』, 臺北, 臺灣商務印書館, 1990년, 78~79쪽 참조.

성'에 상당하다고는 할 수 있겠지만, 그렇다고 해서 이러한 이유 때문에 공자가 '기질의 성'을 주장했다고는 말할 수 없는 것이라고 주장했다.

주자는 한편으로는 '구분'에 대하여 직접적으로 언급했으며, 다른 한편으로는 맹자가 주장한 본성은 선한 것이다. 라고 하는 언급에 인간의 마음이 모두 그러한 것과 같다는 것을 더하여 대비시킴으로써 "서로 가까운 것"의 의미를 확대시켜 "구분"의 의미에로 가깝게 접근시켰다. 즉 주자는 "서로 가까운 것"이라고 하는 말의 의미를 "구분"과 같은 의미로 보았다고 할 수 있다.

왕양명王陽明 같은 경우는 『전습록傳習錄』에서 "서로 동일하다"는 뜻으로써 "서로 가깝다"는 의미를 해석하는데, 그의 견해는 다음과 같다.

> 공자께서 말씀하신 "본성은 서로 가까운 것"이라는 것은 곧 맹자가 말씀하신 "본성은 선한 것이다"는 의미이다. 이러한 것은 기질의 측면에서만 말할 수 있는 성질의 것이 아니다. 만일 기질의 측면에서 언급한다면 단단함과 부드러움이 서로 대립하는데 어떻게 서로 가까울 수 있겠는가? 오직 본성이 선하다는 것만이 동일한 것일 뿐이다. 사람이 처음 태어났을 때는 선하다고 하는 것은 원래 동일한 사실이다. 그러나 단단함의 습성이 선에 기울면 단단함은 선이 되는 것이고, 습성이 악으로 기울면 단단함은 악이 되는 것이다. 부드러움의 습성이 선에 기울면 부드러움은 선이 되는 것이고, 습성이 악으로 기울면 부드러움은 악이 되는 것이어서 나날이 서로 멀어지게 되는 것이다.[7]

7) 王陽明, 「傳習錄下」, "夫子說 '性相近', 卽孟子說 '性善', 不可專在氣質上說. 若

왕양명은 인간 모두가 공통적으로 가지고 있는 '성선性善'에 착안하여 "서로 가깝다"는 의미가 실제로는 "사람이 처음 태어났을 때의 선함"을 지칭하는 것이라고 설명했다. 다시 말하면, "서로 가깝다"는 '의리의 성義理之性'을 가리키는 것이지 '기질의 성氣質之性'을 가리키는 것은 아니라는 것이다. 채인후蔡仁厚 역시 왕양명의 견해에 적극적으로 동의하는 입장을 견지하면서 '의리의 성'으로 해석해야만 하는 타당성에 대하여 다음과 같이 의견을 개진했다.

> 언어적 함의에서 볼 때 '서로 가깝다'와 '서로 동일하다'는 각각 차별이 존재하고 있다. 그러나 옛날 사람들이 사용한 언어는 꼭 이처럼 엄격하게 사용되었던 것은 아니다. 『맹자』, 「고자상」에 우산의 나무 장에 실려 있는 "수목도 밤낮으로 자라고, 아침 공기를 흡수하여 기운이 깨끗해질 때는 살기를 좋아하고 죽기를 싫어하는 그 본능이 사람과 서로 비슷하여 차이가 많지 않다."에 대하여 주자는 "좋아하고 미워함이 사람과 서로 비슷하다는 것은 사람의 마음이 한가지로 같음을 말하는 것이다."라고 주석을 했는데, 이러한 것이 의미하는 것은 양심에서 피어나는 좋아함과 미워함은 모든 사람들이 모두 동일하다고 하는 것이다. 주자는 '서로 동일하다'라는 것으로써 '서로 가깝다'를 해석하고 있는 것이다. 그러나 공자가 말한 "본성은 서로 가까운 것"이라는 언급에서 서로 가깝다는 것은 맹자가 언급한 "서로 비슷하다"와 의미상에 있어서 서는 같은 맥락으로 보아야 한다. 이와 같기 때문에 "본성은 서로 가까운 것"에서

說氣質, 如剛與柔對, 如何相近得? 惟性善則同耳. 人生初時, 善原是同的. 但剛的習於善則爲剛善, 習於惡則爲剛惡; 柔的習於善則爲柔善, 習於惡則爲柔惡, 便日相遠了." 王陽明, 「傳習錄下」, 『王陽明全集』 上册, 上海, 上海人民出版社, 1992년, 123쪽 참조.

의 본성은 '기질의 성'으로는 말해질 수 없는 것이며, 마땅히 사람들 모두가 동일한 '의리의 성'인 것이다.[8)]

3. 仁과 本性의 문제

공자의 '의리의 성'에 대한 본질이 무엇인가의 문제에 대해서는 다양한 각도에서 조명해볼 수 있을 것이다. 본문에서는 『논어』의 내용들에 대한 직접적인 추론과 심도 있는 분석을 통하여 그 의미를 조명해볼 것이며, 이러한 작업들 위에 맹자의 인성론과 『중용中庸』의 '성性' '명命' 이론을 더하여 추론하는 방식을 통하여 결론적으로 공자가 '인仁'으로써 '본성性'을 삼은 사실을 천명해보도록 하겠다.

'인'이라는 것은 일종의 내재적인 덕성이라고 할 수 있다. 공자가 '인'에 대하여 언급한 부분을 『논어』의 도처에서 찾아 볼 수 있으며 또한 그것이 내재적인 덕성의 의미로 언급된 부분 역시 적지 않지만 본문에서는 다음과 같은 일부만 다루어 보겠다.

인하기를 원해서 인하게 되었다.[9)]

인은 멀리 있는 것일까? 내가 인하게 되고자 하면 곧 인이 찾아온다.[10)]

---

8) 蔡仁厚, 『孔孟荀哲學』, 臺北, 學生書局, 1991년, 105쪽 참조.
9) 『論語』, 「堯曰」, "欲仁而得仁."

하루라도 자신의 힘을 인을 위해 쓸 수 있는 사람이 있던가? 나는 능력이 부족한 사람은 보지 못했다. 그러한 사람이 있을 법이기는 하나 나는 아직까지 본적이 없다.11)

공자는 무슨 이유 때문에 "내가 인하게 되고자 하면 곧 인이 찾아온다." 및 "인하기를 원해서 인하게 되었다."라고 하는 말들을 했을까? 이러한 긍정적인 언사들 가운데 "인하기를 원해서 인하게 되었다."에서 "원하다"는 글자는 배고플 때 먹고 싶다는 욕구가 생기는 것과 추위 속에서 따뜻한 것을 추구하는 생리적인 욕망과 같은 맥락에서 이해되어져서는 안 되는 것이다. 그렇다면 어떠한 맥락에서 "인하기를 원해서"의 "원하다"는 글자의 의미를 이해해야 하는 것일까? 여기에서 다뤄져야할 "원하다"는 의미는 마땅히 "하루라도 자신의 힘을 인을 위해 쓸 수 있는 사람이 있던가?"에서의 "힘을 쓰다"는 의미와 동일한 선상에서 파악되고 이해되어져야 한다. 즉 "원하다"는 글자에는 "인을 위해 힘쓰다"라고 하는 의미를 포함하고 있으며, '주동적인 것'과 '반성' 그리고 '자각'의 함의가 내재되어 있다고 할 수 있다.

"내가 인하게 되고자 하면 곧 인이 찾아온다."에서 "나"는 누구를 지칭하는 것일까? 라고 하는 문제가 제기될 수 있다. 이러한 문제에 대하여 두 가지 가능성을 상정해 볼 수 있을 것이다.

먼저, "나"는 보편적인 일인칭으로서 모든 개인들이 말하는 "나"

---

10) 『論語』, 「述而」, "仁遠乎哉? 我欲仁, 斯仁至矣."

11) 『論語』, 「里仁」, "有能一日用力於仁矣乎? 我未見力不足者. 蓋有之矣, 我未之見也."

가 아니고, 공자 자신을 지칭하는 것이다. 이때의 공자는 이미 마음 내키는 대로 행동해도 법도에 어긋남이 없는 경지에 도달한 상태이기 때문에 자연히 스스로가 "내가 인하게 되고자 하면 곧 인이 찾아온다."라고 말할 수 있었던 것이다.

다음은 "나"는 보편적인 일인칭이라는 것이다. 즉 모든 사람들이 자기 자신에 대한 자각행위를 통하여 자신을 반성적으로 성찰하게 될 때에 비로소 그 가운데 '인'이 있다고 하는 것이다.

그렇다면 '인'은 어떻게 정의되고 해석되어야 할까? 라는 문제에 대해서는 맹자가 언급한 "모든 사람들이 다 요임금이나 순임금과 같은 성인이 될 수 있다"라고 하는 도리와 같은 맥락에서 파악되어져야 할 것이라고 판단한다. 공자가 말한 "인하기를 원해서 인하게 되었다"라는 언급은 '모든 사람들이 인하기를 원해서 인하게 되었다'라고도 말해질 수 있는 것이다. 그러나 만일 인하게 될 수가 없다면 그것은 '하지 않는 것'이지 '할 수 없는 것'이 아니다.[12] 그렇기 때문에 비록 우매한 품성을 지닌 사람은 수양공부를 정진하는 과정 가운데 "인하기를 원해서 인하게 되었다"는 경지를 달성할 수는 없지만, '모든 사람들이 인하기를 원해서 인하게 되었다'는 추론에는 별 지장을 주지 않는 것이다.

---

12) 맹자는 '할 수 없는 것'과 '하지 않는 것'의 구별에 대하여 "태산을 끼고 북해를 건너뛰는 것을 사람들에게 말하기를 '내가 할 수 없다'고 하면, 이는 진실로 할 수 없는 것이지만 어른을 위해서 나뭇가지를 꺾는 것을 사람에게 말하기를 '내가 할 수 없다'고 하면, 이는 하지 아니 할 뿐이지 할 수 없는 것이 아닙니다. "라고 설명한 바 있다. 『孟子』, 「梁惠王上」, "挾太山以超北海, 語人曰: 我不能, 是誠不能也. 爲長者折枝, 語人曰: 我不能, 是不爲也, 非不能也."

이는 맹자의 경우도 마찬가지인데, 맹자가 모든 사람들이 다 요임금이나 순임금과 같은 성인이 될 수 있다고 하는 것에 대한 긍정은 사실상 무턱대고 아무런 사람들이 다 요임금이나 순임금과 같은 성인이 될 수 있다고 하는 것을 뜻하지는 않는다. 그러한 언급 속에는 수양공부에 뜻을 세우고 최선을 다하여 노력해야 한다는 단서조항이 포함되어져 있는 것이다. 그러므로 모든 사람들이 다 갖추고 있는 내재적인 도덕성의 측면에서 본성을 말 할 때에만 모든 사람들이 "인하게 되고자 하면 곧 인이 찾아온다."라고 하는 공식이 설립될 수 있는 것이다.

만약 공자가 '인'을 '인도仁道'나 '인리仁理'로 간주하여 내가 욕구하는 것의 대상이 되어 '마음'과 '리理'를 나누어 두 개의 이론노선을 구축하여 그것을 나타낼 수 있게 되면 '마음'과 '리'는 이미 나누어졌기 때문에 "내가 인하게 되고자 하면 곧 인이 찾아온다."와 "인하기를 원해서 인하게 되었다"에 대한 합리적인 해설을 할 수가 없게 된다. 그렇기 때문에 오직 '인'만이 내가 본래부터 갖추고 있는 것이 되기 때문에 '인'하기를 원해서 '인'하게 되는 것에는 어떠한 외재적 요인에도 의탁할 필요가 없다는 것이다. 이래야 만이 공자의 이론체계가 두 가지 노선으로 분열되어 하나의 학설체계로 일치하지 않는 상황을 막을 수 있는 것이다.

맹자는 공자의 이러한 학설체계에 대하여 타당성이 있는 해석과 계승을 했다고 할 수 있다. 즉 맹자는 "인은 사람의 마음이다."[13]라고 하여 공자의 '인'을 인성의 본질로 파악하였던 것이다.[14] 이와 같

13) 『孟子』, 「告子上」, "仁, 人心也."

이 공자의 인성에 대한 관점을 맹자의 인성론으로부터 거슬러 올라가 이해할 수도 있는 것이다. 어떤 학자들은 공자에게는 체계적인 인성론이 없다고는 하지만 맹자가 공자의 학설을 계승하고 그것에 대한 보완작업을 통하여 체계화시켜 완성했다고도 주장한다.

만일 맹자가 언급한 '인'은 사람의 마음이라는 것을 하나의 견해로 채용한다면 공자가 '인'으로써 '성'을 언급한 사항의 핵심적인 요소는 과연 무엇일까? 공자는 '인'이라고 하는 것은 인간에게 없어서는 절대로 안 되는 것이라고 생각했다. 그래서 그는 일찍이 '인'이 인간에 대하여 얼마나 중요한 존재인지를 "백성들에게 인의 필요성에 대한 문제의 정도는 물이나 불보다도 더 심각한 문제이다."[15]라고 매우 심도 있게 묘사를 하였다. 이외에도 '인'에는 또 다른 차원의 의미가 담겨져 있고 할 수 있다. 즉 가치에 관한 문제가 담겨져 있는데, 이러한 문제에 대하여 공자는 군자가 '인'에서 한시라도 떨어질 수 없는 것이며 그것을 상실해서는 안 된다고 하는 사례를 들어 설명하고 있다.

> 군자가 인을 버린다면 어찌 군자란 이름이 이룩되겠는가? 군자는 밥을 먹는 동안이라도 인을 어기지 말아야 하며, 다급한 순간이라 할지라도 반드시 인을 지키고, 넘어지는 순간이라 할지라도 반드시 인을 지켜

---

14) 李澤厚는 "공자가 '인'을 사용하여 '예'를 해석한 것은 원래 '예에로 돌아간다.'를 위해서였다. 그러나 그 결과는 오히려 수단이 목적을 초월한 셈이 되었다. 공자에 의해서 발굴되고 강조된 '인'—인성심리원칙이 반대로 본질적인 것이 되어버렸다."라고 했다. 李澤厚, 『中國古代思想史論』, 北京, 人民出版社, 1986년, 22쪽 참조.

15) 『論語』, 「衛靈公」, "民之於仁也, 甚於水火."

야 한다.[16)]

서복관 같은 경우는 공자의 '인'은 생명의 근원으로서 인성이 되는 것이라고 보아 공자에게 있어서의 인성은 '선'한 것이라고 주장했다.

> 공자가 기왕에 인정한 '인'은 각 개인의 생명 속에 내재되어 있는 것인데, 공자가 비록 '인'이 곧 인성이라고 설명을 하지는 않았지만, 앞에서 서술한 바와 같이 그것은 실제로는 본성은 선한 것이라고 여긴 것이다. 공자에게 있어서 선함의 궁극적인 것은 '인'이 되는 것이다. 즉 반드시 실제상에서 인정된 '인'만이 인간이 인간 되는 이유에 대한 가장 근본적인 규정이 되는 것이며 또한 인이 생명의 근원으로서 인성이 되는 것이다.[17)]

만일 역으로 거슬러 올라가는 추론 방식을 통하여 탐색해 본다면, 맹자가 언급한 '성선'은 공자를 계승하여 만들어진 학설체계로서 공자의 '인'은 자연히 인성론으로 전개되게 되는 것이다. 또한 만일 공자의 '인'으로써 인성론의 논점을 삼는다고 한다면 반드시 인간의 본성은 '선'한 것이라고 주장하게 되는 것이다. '인'은 공자의 인성론 체계에 있어서 가장 핵심적인 요소라고 말할 수 있는데, 이러한 사실은 후대의 사람들이 공자의 '인'을 인성론적 측면에서 이

16) 『論語』, 「里仁」, "君子去仁, 惡乎成名? 君子無終食之間違仁, 造次必於是, 顚沛必於是."

17) 徐復觀, 『中國人性論史』, 臺北, 臺灣商務印書館, 1990년, 98쪽 참조.

해한 귀결이라고 할 수 있을 것이다.

『논어』에서 자주 언급되었던 '인' 이외에 맹자가 언급했던 "인이라는 것은 사람다움이다"와 "인은 사람의 마음이다"는 주장 역시 매우 중요한 관건이 된다. 맹자는 공자의 계승자로 간주되어지는데, 그의 학설체계는 공자의 학설체계 위에 자신의 관점을 더하여 새로운 이론체계를 수립한 것으로 볼 수 있다. 그렇기 때문에 공자가 '인'으로써 본성을 설명했기 때문에 본성은 선하다고 하는 입장을 견지했으리라고 판단하는 것은 일견 설득력이 있다고 할 수 있는 것이다.

공자는 '인'이 구체적인 인물에 한정될 수 없는 것이라고 생각했다. 즉 공자는 '인'을 일개 덕목으로 보지 않았으며, 또한 그것에 대하여 특별한 정의도 내리지 않았기 때문에 어떠한 특정 인물에게 국한될 수 있는 성질의 것이 아니라고 생각했던 것이다. 공자는 쉽게 사람들에게 '인'을 허락하지 않았으며 스스로가 '인'하다고 자처하지도 않았다. 다만 공자는 대하는 사람에 따라 '인'에 대하여 다양하게 설명했을 뿐이다. 또한 '인'의 보편적 무한성의 측면에서 언급한다면 공자가 말한 '인'은 실제적으로는 '성性'과 '천도天道'·'천명天命'과 융합되는 것이다.

> 공자는 사람에게 '인'을 허락하지 않았으며 '인'으로써 자처하지도 않았으며, 다만 그는 '인'의 무한성에 대하여 심도 있는 파악을 했을 뿐이다. 앞에서 언급한 것과 같이 공자는 실제로 '인'이 태어날 때부터 갖추어져 있는 것이며 선천적으로 인성에 존재하고 있는 것이라고 여겼다.

> 그리고 '인'의 특질은 부단하게 생리적인 한계를 돌파하여 무한하게 초월하는 것 즉 자신의 생리적인 욕망의 한계를 초월하는 것에 있다. 선천적으로 존재하면서 무한한 초월의 측면에서 말하자면 '인'의 내용이 되는 것은 인성인데, 실제로는 전통에서 말하는 '천도'·'천명'과 같은 것이다. 공자의 "오십에 천명을 알았다"는 말은 실제로 그가 오십 세가 되었을 때 '인'은 체현하기 시작하여 완전하게 드러낸 것인데, 이는 그가 '인'의 선천성과 무한한 초월성을 증험할 수 있게 되었다는 것이다.[18]

서복관의 관점에 의하면 공자는 '인'을 사용하여 '성'과 '천명'을 대체한 것이다. 공자 이후에 자사子思가 전한 『중용』에 "하늘이 명한 것을 성性이라 하고, 성을 따르는 것을 도道라 하며, 도를 닦는 것을 교육이라 한다."[19]라고 하는 기록은 공자의 인성론 사상의 발전적인 서술이라고 할 수 있으며, 직접적으로 '성'과 '천명'의 긴밀한 관계를 나타낸 것이라고 할 수 있는 것이다. 그리고 '성'을 따르게 되면 그것이 직접적으로 '천명'에 투영된다는 것이다. 또한 '도'를 닦는다고 하는 것은 '성'과 '천명'의 본래적인 의미를 파악하여 그것들이 다시금 발휘될 수 있게 한다는 것으로 '수양공부'의 문제에 속하게 되는 것이다. '성'과 '천도'·'천명'의 문제에 대한 해석은 맹자의 '진심·지성·지천'에 대한 관점과 호응을 이루게 될 때만이 비로소 분명하게 해석이 되어 질수 있는 것이다.

---

18) 徐復觀, 『中國人性論史』, 臺北, 臺灣商務印書館, 1990년, 98~99쪽 참조.
19) 『中庸』, "天命之謂性, 率性之謂道, 修道之謂敎."

4. 맺는 말

이상과 같은 공자의 인성론 체계에 대하여 정리해보면 다음과 같은 사실들을 알 수 있을 것이다.

공자가 언급한 "본성은 서로 가까운 것이지만, 습성이 서로를 멀어지게 한다."로부터 '본성'과 '습성'의 대조에 주안점을 두고 공자의 인성론 문제를 파악해보면 다음과 같다. 즉 공자가 언급한 '습성'이 사람들의 본성을 서로 상이하게 만드는데, 이러한 상이한 차이는 약간 혹은 소량의 차이가 아니기 때문에 상이함이 매우 멀다(크다)고 말하는 것이다. 또한 '서로 다름'과 '서로 같음'을 상호 대칭적인 측면의 입장에서 본다면 다음과 같은 문제가 제기된다. 만일 '습성'의 "서로를 멀어지게 한다."고 하는 것이 나타내는 점이 차이라고 한다면, '본성'과 '습성'은 대립적인 배열을 이루게 되어 대칭적으로 어떠한 의미를 전달할 수 있을 것인가? 또한 '본성'을 말하는 "서로 가까운 것"이라고 하는 것의 실제적인 의미는 과연 무엇인가? 이러한 것을 '서로 같음'을 사용하여 해석할 수 있는 것인가?

공자의 '본성'에 대해서는 "들을 수가 없었다."고 하였기 때문에 어떤 의미에서는 공자가 언급한 '본성'에 대한 정의나 그것의 정확한 의미를 설명하기에는 적지 않은 어려움이 수반된다. 그렇기 때문에 많은 사람들이 공자의 '본성'에 대한 의미를 비유나 추리를 통하여 쉽게 터득할 수 있었던 것은 바로 공자가 말한 "습성이 서로를 멀어지게 한다"는 언급과 대비하여 '본성'이 "서로 가까운 것"이 된다는 사실을 응용했기 때문이다. "본성은 서로 가까운 것"에 관하여 그것의 정확한 의미가 도대체 무엇을 지칭하는 것인가에 대하여 어떤 사람들은 공자는 인간의 본성은 평등한 것으로 생각해서 극소수의 위로는 뛰어난 품성을 가진 사람들과 아래로는 우매한 품성을 가진 사람들을 제외한 일반적인 사람들의 품성은 선천적으로 평등하기 때문에 공자가 "서로 가까운 것"이라고 언급했다는 주장을 한다.

공자가 '인'으로써 '성'을 언급한 사항의 핵심적인 요소는 과연 무엇일까? 공자는 '인'이라고 하는 것은 인간에게 없어서는 절대로 안 되는 것이라고 생각했다. 그래서 공자는 일찍이 '인'이 인간에 대하여 얼마나 중요한 존재인지를 "백성들에게 인의 필요성에 대한 문제의 정도는 물이나 불보다도 더 심각한 문제이다."라고 설명하였다. 이것 외에도 '인'에는 또 다른 차원의 의미가 담겨져 있고 할 수 있다. 즉 가치에 관한 문제가 담겨져 있는데, 이러한 문제에 대하여 공자는 군자가 '인'에서 한시라도 떨어질 수 없는 것이며 그것을 상실해서는 안 된다고 하는 사례를 들어 주장했다.

우리가 만일 역으로 거슬러 올라가는 추론 방식을 통하여 분석해본다면 맹자가 언급한 '성선'은 공자를 계승하여 만들어진 학설체계로서 공자의 '인'은 자연히 인성론으로 전개되게 되는 것이다. 또한 만일 공자의 '인'으로써 인성론의 논점을 삼는다고 한다면 반드시 인간의 본성은 '선'한 것이라고 주장하게 되는 것이다. 그렇기 때문에 '인'은 공자의 인성론 체계에 있어서 가장 핵심적인 요소라고 말할 수 있는데, 이러한 사실은 공자의 '인'을 인성론적 측면에서 이해한 귀결이라고 할 수 있을 것이다. 또한 『논어』에서 자주 언급되었던 '인' 이외에 맹자가 언급했던 "인이라는 것은 사람다움이다"와 "인은 사람의 마음이다"는 주장 역시 매우 중요한 관건이 된다. 맹자는 공자의 계승자로 간주되어지는데, 그의 학설체계는 공자의 학설체계 위에 자신의 관점을 더하여 새로운 이론체계를 수립한 것으로 볼 수 있다. 그러므로 공자가 '인'으로써 본성을 설명했기 때문에 본성은 선하다고 하는 입장을 견지했으리라는 판단은 설득력을 가지게 되는 것이다.

참고문헌

黃　侃,『論語義疏』,『皇淸經解』 本.

朱　熹,『論語集注』,『海淵閣』 明刻本.

劉寶楠,『論語正義』,『續皇淸經解』 本.

朱　熹,『中庸章句』,『海淵閣』 明刻本.

朱　熹,『孟子章句集註』,『海淵閣』 明刻本.

焦　循,『孟子正義』,『焦氏遺書』 本.

王陽明,『王陽明全集』 上册, 上海, 上海人民出版社, 1992년.

李澤厚,『中國古代思想史論』, 北京, 人民出版社, 1986년.

徐復觀,『中國人性論史』, 臺北, 臺灣商務印書館, 1990년.

蔡仁厚,『孔孟荀哲學』, 臺北, 學生書局, 1991년.

宋淑萍,「淵源有自一先秦學術的萌芽」,『浩瀚的學海』, 北京, 三聯書店, 1991년.

林義正,「論語 '夫子之文章之硏究'」,『文史哲學報』, 第四十二期, 臺北, 1995년.

제 2 장

교육론

1. 시작하는 말

공자는 중국 역사에 있어서 가장 위대한 교육가 가운데의 한 사람이었으며, 귀족계층이 독점하고 있던 교육을 일반 평민계층에게까지 확대시킨 최초의 교육자라고 할 수 있다. 공자의 교육사상은 교육이상과 학문의 방법 그리고 교육의 내용과 교육과정을 구비한 완정된 형태의 시스템이라고 할 수 있다. 공자의 교육사상 가운데, 학문의 방법이란 배움과 사고를 병행하는 것이고, 교육의 내용에는 육예와 육경이 있으며, 교육과정에는 네 가지 학과四科와 네 가지 가르침四教이 있으며, 교육이상은 성인이나 군자와 같은 최고의 인격체를 양성하는 것에 있었다고 할 수 있다.

공자는 교육에 있어서도 고금의 역사와 문화에 대하여 매우 중시했기 때문에 중국 인문교육의 시조로도 불리어지고 있다. 주나라의 예악문화는 중국 고대문명의 전성기에 해당되는데, 그 시기의 학술은 대부분 왕실과 귀족계층의 전유물이었다고 말할 수 있을 정도로 지적자산이 한 계층에 편중되어 있는 실정이었다. 그러다가 공자에 이르러 일반 평민계층에게까지도 학문을 가르치는 풍조가 일어나기 시작했다. 공자는 시詩·서書·예禮·악樂을 교육의 주요한 내용으로 하였으며, 이러한 교육과정을 온 천하에 보급하고자 찾아온 사람들의 신분의 귀천과 지위고하를 막론하고 약 삼천여 명의 제자들에게 친히 교육을 전수했었다. 이러한 공자의 행적 때문에 그는 고대 중국의 위대한 교육가로 추앙을 받게 된 것이라고 할 수 있다. 고대 중국의 사상가였던 공자가 언급했던 학문연구 방법과 내용은 비록 현대 학자들의 그것과 비교했을 때, 분석적인 방법이나 정밀도에 있어서 다소 떨어지나 그 원칙에 있어서는 분명히 현대인들보다는 훨씬 더 심원하다고 판단된다.

이상과 같은 공자의 교육사상에 대하여 본문에서는 교육의 원칙과 교육의 내용 및 교육방법론을 중심으로 논의를 진행해보도록 하겠다.

2. 교육의 원칙

공자는 일찍이 "도에 뜻을 두고, 덕을 지키고, 인에 의지하고, 예에 노닐어야 한다."[1]라고 언급한 적이 있는데, 이러한 언급이 바로 공자의 교육원칙이라고 할 수 있는 것이다. 인용문에서 말하는 '도道'는 원리와 이상이 되는데, 공자에게 있어서의 '도'는 '인仁'과 효제충서예악孝悌忠恕禮樂 등을 의미하는 것으로 모두 인륜의 도리를 말하는 것이기 때문에 '인도人道'가 되는 것이다. "도에 뜻을 둔다."라는 말은 이러한 '인도'를 이상과 원칙으로 삼는다는 것이며, 교육을 받는 사람이 학문을 연마하는 목적이 되는 것이다. "덕을 지킨다."는 말은 실천을 준수하며 인仁 · 효孝 등의 덕목을 이행하는데 게으름을 피우지 않는다는 의미이다. "인에 의지한다."는 말은 '인仁'이란 모든 덕목을 총체적으로 지칭하는 것으로서, 이는 인간이 본래 가지고 있는 훌륭한 덕성이며 또한 '양지良知'와 '양능良能'의 소재가 되

1) 『論語』, 「述而」, "志於道, 據於德, 依於仁, 游於藝."

는 것이기 때문에 인간은 '인仁'의 본성을 떠날 수 없는 존재인 것이다. 그렇기 때문에 '덕'에 근거하는 것 외에도 '인仁'에 의지해야 만이 모든 일을 합리적으로 사리에 맞게 처리할 수 있게 되는 것이다. "예에 노닌다."는 말에서 '예藝'는 '육예六藝'를 의미하는 것으로, 이러한 '육예'는 주나라의 국가 교육기관인 '상서庠序'의 정규 교과목이었으며, 그 구체적인 과목은 예禮 · 악樂 · 사射 · 어御 · 서書 · 수數였다. 공자 역시 교육의 기본 내용으로 '육예'를 채택했다. 이러한 것을 예에서 노닌다고 하는 것이다.2)

"도에 뜻을 두고, 덕을 지키고, 인에 의지하고, 예에 노닐어야 한다."는 네 구문의 언급은 제 각기 나누어져 있는 것이 아닌 하나로 관통되어져 있는 체계적인 교육과 학습의 과정이라고 할 수 있다. 즉 교육과 학습은 학생이 배우는 과정 위에 건립되는 것으로, 교육과 학습은 상호간에 매우 밀접하게 관련되어져 있는 것이기 때문이다. "도에 뜻을 둔다."라는 것은 공자의 교육목적에 해당하는 것으로, 그 주된 관심사항은 문화적 소양과 지식을 겸비한 인재의 육성에 있는 것이기 때문에 학생들의 학습방법 역시 반드시 "도에 뜻을 둔다."로부터 시작해야만 하는 것이다. 또한 공자는 교육자가 교육목적이 있고 학생들이 학습방향이 있은 다음의 단계는 반드시 교육과 학습이 중심이 되어 "덕을 지킨다."고 하였는데, 이는 공자의 사상 가운데 도덕교육이 모든 교육의 핵심이 된다고 하는 것을 단적으로 나타내는 것이라고 할 수 있다. 공자의 이러한 도덕교육의 최

2) 陳大齊, 『孔子思想研究論集(二)』, 臺北, 黎明文化事業公司, 1983년, 269쪽 참조.

종적인 목표는 바로 '인仁'의 정신을 육성하는데 있는 것이기 때문에 그는 "인에 의지한다."고 하는 주장을 했던 것이다. 이러한 공자의 관념은 중국의 전통적인 인문정신이 지난 역사 속에서 끊이지 않고 연결될 수 있었던 원동력이 되었다고 할 수 있다. 교육의 목적과 핵심요소 및 방향성이 갖춰진 다음에는 반드시 실천이 수반되어야만 하는데, 이는 바로 "예에 노닌다."는 것으로 학생을 가르치고 인도해야 한다는 것이다. 이것이 바로 공자의 교육이상을 실천하는 구체적인 방법론이 되는 것이라고 할 수 있는 것이다. 물론 과거나 현재 및 동서양을 막론하고 공자의 교육이론에 대한 견해는 시대적 요청에 부응하는 것이라고 할 수 있기 때문에 공자는 중국의 교육사에 있어서 '지성선사至聖先師'라고 불렸던 것이라고 판단한다.

공자의 교육과정 단계를 보면 다음과 같다고 할 수 있다. 먼저 학문연마의 필요성을 제시하고, 그 다음은 덕행의 실천을 '인仁'을 위주로 할 것을 역설하며, 끝으로 학과를 분류하여 가르친다. 이러한 교육과정 단계가 공자의 교육 시스템의 주요한 근간을 이루고 있으며, 이러한 시스템은 공자 이전에는 찾아볼 수 없었다고 할 수 있다. 공자의 학문의 종지는 훌륭한 인격의 육성에 있는 것이기 때문에 실천에 있어서도 '인덕仁德'을 수양의 요체로 삼으며, 그러한 학과의 분류는 다음과 같은 네 가지가 있다. 즉 덕행과 언어와 정사 및 학문이다.

덕행은 인품과 덕성의 실천측면과 관련이 있는 것이고, 언어는 분석적 변론을 잘하는 것이고, 정사는 정치업무에 종사하는 것이고, 학문은 문헌 및 전적 자료들을 심도 있게 연구하는 것을 의미한다.

공자가 제자들에게 가르침을 전수할 때는 반드시 제자들 각 개인의 자질을 고려하여 제자들 각자의 수준에 맞는 교육을 실시했으며, 또한 제자들의 수준에 맞는 교육을 위해서 그는 이러한 네 종류의 학술범주를 건립했던 것이다.

공자 교육이상의 핵심은 바로 지식과 덕행의 병존과 중시에 있다고 할 수 있겠다. 그렇기 때문에 "공자께서는 네 가지를 가르치셨으니, 학문과 행실과 충성과 신의이다."[3)]라고 했던 것이다. 이러한 네 가지 가르침을 오늘날의 교육적 관점에 보았을 때, 학문은 각종 학과를 의미하며, 행실은 곧 품행을 의미하며, 충성과 신의는 품행의 덕목 가운데 가장 중요한 것으로, 마음속에 사사로움이 없으면 성실해질 수 있으며 타인을 속이거나 기만하는 말을 하지 않는 것이다. 이러한 충성과 신의는 인간의 언행의 기본이 되는 것이다.

공자는 평소 교육의 원칙을 '덕'을 근본으로 삼았기 때문에 덕성을 육성하는 것이 지식을 육성하는 것보다 더 중요하다고 생각하여 "젊은이들이여 집에 들어가서는 효도를 다하고 밖에 나가서는 웃어른을 공경하고, 말은 신중히 하고 한다면 신뢰할 수 있는 말을 할 것이며, 널리 사람들을 사랑하고 어진 사람을 가깝게 해야 한다. 이러한 것들을 실천하고 남음이 있으면 곧 문자를 배워라."[4)]라고 말했던 것이다. 이와 같이 볼 수 있듯이 공자는 덕성을 가장 우선순위에 두고 지식의 육성을 차선에 두었던 것이다. 즉 공자에게 있어서 지식은 덕행을 협조하는 역할을 하면서 완성된 인격을 양성하는 덕

3) 『論語』, 「述而」, "子以四教, 文行忠信."

4) 『論語』, 「學而」, "弟子入則孝, 出則弟, 謹而信, 汎愛眾, 而親仁. 行有餘力, 則以學文."

성의 보조적인 기능을 했던 것이다. 이러한 점이 바로 공자의 교육 원칙의 주된 목적이라고 할 수 있는 것이다.[5)]

3. 교육의 내용

공자는 교육을 시행할 당시에 '육예'의 문장 즉 시詩서書예禮악樂역易춘추春秋를 교재로 삼았었다.[6)] 공자 스스로도 시詩서書예禮악樂을 위주로 한다고 언급했었다. 이를 예를 들자면 "공자께서 늘 말씀하신 것은 『시경』·『상서』와 예를 지키는 일로서, 모두 늘 말씀하셨다."[7)]와 같은 곳에서 확인 할 수 있다. 공자는 평소 학생들을 가르칠 때 '시詩'와 '예禮'의 학습을 중시했는데, 그 이유는 바로 '시'는 인간의 정서를 안정시키고 진정한 마음을 전달할 수 있기 때문이다. 그래서 공자는 "『시경』을 공부하지 않으면, 다른 사람과 말을 할 수가 없다."[8)]라고 언급했던 것이다. 공자와 제자들이 『시경』에 대하여 "애들아! 왜 『시경』 공부를 하지 않느냐? 『시경』의 시들은 사람의 감흥을 일으켜줄 수 있고, 사물을 올바로 볼 수 있게 하며, 남과 잘 어울릴 수 있게 하고, 잘못을 원망할 수 있게 하며, 가까이는 아버지를 섬기게 하고, 멀리는 임금을 섬기게 하며, 새 짐승과 풀 나무의 이름도 많이 알게 하는 것이다."[9)]에서와 같이 논의한 부

5) 陳大齊, 『孔子思想硏究論集(二)』, 臺北, 黎明文化事業公司, 1983년, 270~271쪽 참조.
6) 劉錫辰, 『孔子及其教育思想』, 開封, 河南大學出版社, 1988년, 147쪽 참조.
7) 『論語』, 「述而」, "子所雅言, 詩·書·執禮, 皆雅言也."
8) 『論語』, 「季氏」, "不學詩, 無以言."

분에서 볼 수 있듯이 공자는 『시경』 공부를 중시했던 것이다. 『시경』 교육은 오늘날의 문학에 해당된다고 할 수 있는데, 이는 인문정신의 수양 및 언어능력을 표현하는 한 과정이라고도 할 수 있는 것이다. 그러나 『시경』에는 감흥 · 관찰 · 화합 · 책망의 기능만이 있는 것이 아니고 온갖 자연사물에 대한 지식도 구비되어 있어서 현대의 자연과학 분야의 범주도 갖추고 있다고 볼 수 있다. 그렇기 때문에 공자는 개인의 수양을 중시하는 한편 군집생활을 중시했으며, 자연환경과 인간의 관계를 홀시하지도 않았던 것이다.

공자는 음악에 조예가 깊었는데, 한번은 그가 제나라에 있을 때 순임금의 음악인 '소韶'음악을 듣고 그 음악에 심취하여 삼 개월이나 고기 맛을 잊을 정도였다고 한다. 그래서 그는 "음악 연주가 이러한 경지에 이를 줄은 몰랐다."[10]라고 했던 것이다. 음악은 덕성을 수양하고 완성하는데 있어서 빠져서는 안 되는 과목으로서 공자가 "시에서 흥취를 갖게 되고, 예로써 자립하게 되고, 음악에서 자기를 완성시키는 것이다."[11]라고 언급을 했을 정도로 중요한 지위를 점유하고 있다. 또한 음악은 정서적인 측면에서 볼 때 언어나 문자에 비하여 더욱 호소력이 있으며 더 직접적으로 감정을 자극한다고 할 수 있다. 아울러 음악에서 펼쳐지는 아름다움만이 '인仁'의 예술적 경지를 직접적으로 표현할 수 있다고 할 수 있다. 그렇기 때문에 '시詩'는 언어나 문자로서 소통을 하고 표현을 하는 단계이며, '예禮'는

9) 『論語』, 「陽貨」, "小子! 何莫學夫詩? 詩, 可以興, 可以觀, 可以群, 可以怨. 邇之事父, 遠之事君. 多識於鳥獸草木之名."

10) 『論語』, 「述而」, "不圖為樂之至於斯也!"

11) 『論語』, 「泰伯」, "興於詩, 立於禮, 成於樂."

언어나 문자뿐만 아니라 신체적 행위의 동작으로서 사람들 사이의 상호관계 형성을 드러내는 단계이고, 음악은 음악의 예술성으로서 직접적으로 '인심仁心'의 아름다움을 표출해내는 단계라고 할 수 있다. 그래서 '시詩'로서 인간의 감정을 일으키고, '예禮'로서 인간의 규범을 수립하고, 음악으로서 인간의 덕성을 육성하는 것이다. 이러한 것들이 조화롭게 유지될 때 비로소 완전한 인격을 완성할 수 있게 되어 인문교육의 전범이 되는 것이다.[12]

시詩서書예禮악樂 가운데 공자가 비교적 더 많이 강조한 것은 시詩예禮악樂으로, 『논어』에서 공자는 여러 차례에 걸쳐 시詩예禮악樂을 언급한다. 또한 공자는 말년에 『역경』을 즐겨 읽었으며 한편으로는 『춘추』를 저술했는데, 이러한 점들로 비춰볼 때 공자가 '육경六經'을 교육의 교재로 삼은 것은 그의 말년에 해당 된다는 사실을 유추할 수 있을 것이다.[13]

공자는 네 가지 가르침四教 즉 학문과 행실과 충성과 신의를 언급했는데, 여기에서의 학문은 '육예六藝'의 학문을 가리키는 것으로 교육자와 학습자가 지식을 습득하는 것을 의미하고, 행실은 효도와 공경을 실천하는 것 즉 학습자가 효도와 공경에 최선을 다하는 것을 의미한다. 충성과 신의는 국가의 일을 진실 된 태도로 수행하는 것을 가리킨다고 볼 수 있다. 즉 알면 실천하고 또한 국사를 비롯한 매사를 진실한 태도로 대하는 것이 학습의 목적인 것이다. 이러한 공자의 교육의 구체적인 내용으로서의 네 가지 가르침에 대하여 분

12) 邱鎭京, 『孔子思想述論』, 臺北, 文津出版社, 1971년, 35쪽 참조.
13) 吳康, 『孔孟學說叢書』, 臺北, 三民書局, 1977년, 104쪽 참조.

석하면 다음과 같다고 할 수 있다.

먼저 '육예六藝'의 학문에 관하여 살펴보겠다.

『논어』의 기록을 보면 공자는 시詩서書예禮악樂역易춘추春秋를 교재로 삼았었다는 사실을 어렵지 않게 발견할 수 있다. 공자는 시詩서書예禮를 지키는 일을 늘 말했으며, 또한 그는 항상 시詩예禮악樂으로서 제자들을 가르쳤는데 그 구체적인 의도는 시詩예禮악樂으로서 백성들의 덕성과 삶의 도리를 건립하는데 있었다. '시詩'는 백성들의 정서를 순화시켜주는 효과가 있으며, 예禮는 외부행위로 정치의 득실을 살펴볼 수 있도록 해줌과 동시에 단체생활을 훈련시켜 인륜관계를 건립시키는 기능이 있으며, 악樂은 마음속의 근심과 번민을 불식시켜서 부모와 군주를 섬길 수 있게 해주는 기능이 있다. 이 가운데 특히 시詩와 같은 경우 자연에 대한 상식을 증대시켜주는 기능도 있다고 할 수 있다.

예禮는 예절과 의식이 되는 것으로 입신과 처세의 방법론이 된다고 할 수 있으며 자신을 수양하는 법칙이라고 할 수 있다. 그렇기 때문에 공자는 "예를 배우지 않으면, 남 앞에 설 수가 없다."[14]라고 했던 것이며, 또한 "예에 어긋나는 것은 보지 말며, 예에 어긋나는 것은 듣지 말며, 예에 어긋나는 것은 말하지 말며, 예에 어긋나는 경우에는 움직이지 않는 것이다."[15]라고 언급했던 것이다. 예禮는 입신과 처세 및 모든 사무 처리의 기초임과 동시에 '인도仁道'를 실천하는 것이 된다. 그래서 공자는 "군자가 학문을 널리 공부하고 예

---

14) 『論語』, 「季氏」, "不學禮, 無以立."

15) 『論語』, 「顔淵」, "非禮勿視, 非禮勿聽, 非禮勿言, 非禮勿動."

로써 단속을 한다면 비로소 도를 어기지 않게 될 것이다."[16]라고 한 것이다. 예禮는 모든 행위의 규범이자 표준이 되는데, 만일 예禮가 없다면 "공손하면서도 예가 없으면 수고롭기만 하게 되고, 신중하면서도 예가 없으면 두려워만 하는 것이 되고, 용감하면서도 예가 없으면 난폭하게 되고, 정직하면서도 예가 없으면 박절하게 된다."[17]와 같이 되는 것이다. 예禮에는 표면적인 의식 · 절차만이 있는 것이 아니고 '인仁'의 정신이 내재되어 있는 것이기 때문에, 만일 일을 처리하는데에 있어서 예禮가 결여된다면 반드시 혼란이 수반되는 것이다. 고대 중국사회에서는 이와 같은 예禮로써 인간사회에 발생하는 모든 문제들을 처리했으며, 예禮로 인간과 인간 사이의 관계망을 완성시켜나가는 등의 인간사회 전반에 걸쳐 화합과 조화를 이룩하고자 했었다. 공자가 언급했던 "예로써 단속한다."라는 말 역시 각 개인 모두가 자신을 단속하고 스스로 절제할 수 있게 되면, 모든 사람들이 자신의 본분에 맞춰 평안한 삶을 영위할 수 있게 된다는 것을 의미한다. 이러한 예禮는 인간사회의 분쟁을 종식시키는 기능을 함과 동시에 궁극적으로는 모든 사회 구성원들의 조화로운 삶의 영위를 목표로 하는 것이라고 할 수 있다. 그렇기 때문에 공자는 예禮를 교육의 핵심적인 요소 가운데의 하나로 상정한 것이다.

음악樂에는 인간의 품성을 순화시키고 사회의 풍속을 좋은 방향으로 개선시키는 잠재적인 기능이 있다고 할 수 있다. 공자가 음악교육에 전념한 것은 나름대로 체득(음악에는 인간의 품성을 도야시킨다

16) 『論語』, 「雍也」, "君子博學於文, 約之以禮, 亦可以弗畔矣夫!"
17) 『論語』, 「泰伯」, "恭而無禮則勞, 愼而無禮則葸, 勇而無禮則亂, 直而無禮則絞."

는)이 있었기 때문이라고 생각한다.[18] 공자는 일찍이 노魯나라 악관인 태사太師와 대화 속에서 "음악에 대하여는 알 수가 있다. 연주를 시작할 때는 여러 소리가 합쳐 나오고, 연주진행에 따라 조화를 이루고, 음절이 분명해지고, 계속 이어져 나가 최종적으로 완성되는 것이다."[19]라고 언급했으며, 또한 공자는 "소악을 평하여, 지극히 아름답고 또한 지극히 좋다고 했으며, 무악을 평하여 지극히 아름답지만 지극히 좋지는 못하다고 했다."라고 언급한 것처럼 음악에 대한 정확한 평가와 탁월한 감상능력을 가지고 있었다. 그래서 음악은 공자에게 있어서 학생을 가르치는 필수과정 가운데의 하나가 되었던 것이다.[20] 공자는 음악의 학습에 대하여 스스로가 음악의 내재적인 우아함으로 향할 것을 요구한다. 즉 음악의 외적인 부분, 다시 말하자면 연주기술 차원을 내적인 부분인 정서적 차원으로 승화시켜서 이러한 정신적 경지를 항상 유지해야 한다고 했던 것이다. 이처럼 음악은 악곡에 대한 희열과 조화로운 선율이 인간의 정신과 육체에 깊게 삼투되어 융화될 때에 비로소 음악을 즐기고 스스로 학습하게 되어 음악을 이해하게 되는 것이다. 인간의 정서에는 음악의 내적 아름다움이 담겨져 있기 때문에 인간의 정서는 음악의 원천이 되는 것이며, 음악은 인간의 정서를 외부로 표현하는 것이 되는 것이라고 할 수 있다. 그렇기 때문에 음악의 본질과 인간의 정서는 직접적으로 상호 관련되어 있는 것이라고 할 수 있는 것이다.

---

18) 鍾肇鵬, 『孔子研究』, 北京, 中國社會科學出版社, 1990년, 89쪽 참조.

19) 『論語』, 「八佾」, "樂其可知也. 始作, 翕如也; 從之, 純如也, 皦如也, 繹如也, 以成."

20) 邱鎭京, 『孔子思想述論』, 臺北, 文津出版社, 1971년, 36쪽 참조.

고대 중국에서는 시가詩歌에 대한 교육을 매우 중시했었다. 공자는 고대인들의 지적전통을 숭상하는 한편 그들이 남긴 수많은 시가들 가운데 삼백여 편을 선별하여 체계적으로 정리 작업을 한다. 이러한 시가들에는 교육적인 측면과 사상적인 측면을 비롯한 계급과 신분의 귀천을 구분하지 않고 모든 사람들이 함께 즐길 수 있는 요소들이 갖추어져 있었다. 그렇기 때문에 공자는 시詩에 대한 교육을 중시했던 것이다.

공자가 제자들에게 가르쳤던 시詩는 대부분 민간에서 통용되던 가요들 이었는데, 그 가운데 백성들 사이에 불려 지던 진솔한 생활의 체험을 이해할 수 있는 것들도 있었으며, 또한 백성들의 솔직한 정서의 분출과 순박한 감정의 표현들 역시 적지 않았었다. 이러한 정서는 순박하여 사악함이 없었기 때문에 모두 인간에게 내재되어 있는 진정성을 펼칠 수가 있었던 것이다. 이처럼 시詩에는 인간의 내적 덕성의 자각으로서의 '인仁'을 흥기시킬 수 있는 기능이 담겨져 있으며, 또한 시詩에는 그것의 학습을 통하여 사람이 '인仁'의 본질을 파악할 수 있게 하는 효능도 있다고 할 수 있다. 이러한 시詩는 인간에 대하여 덕성교화의 의미가 있기에 인격을 완성시켜 줄 수가 있는 것이다. 공자가 제자들을 교육할 때 제자들이 시詩를 배워야만 하는 이유 가운데 장점과 시詩를 교재로 채택한 주요한 원인이 바로 여기에 있는 것이다.[21)]

공자는 시詩를 통하여 자신의 제자들을 교육했는데, 이는 당시 사회에 만연해 있던 근시안적 시각을 가진 사람들이나 사회를 위해

---

21) 唐華, 『孔子哲學思想源流』, 臺北, 正中書局, 1977년, 535~537쪽 참조.

서 공헌하지 않고 자신의 이익만을 챙기는 사람들에 대한 경고와 그러한 행태에 대한 반대의 의미도 내포하고 있었다. 시詩에는 수많은 장점들이 있었기 때문에 이러한 시詩의 학습을 통하여 자신의 덕성을 수양할 수 있을 뿐만 아니라 사회에 필요한 인재로 거듭날 수가 있었던 것이다. 그러나 자공子貢과 같은 경우 도덕과 학문상에 있어서의 발전만을 추구했을 뿐 왜 시詩를 배워야 하는지의 근본적인 이유에 대해서는 알지 못했다. 이에 공자는 "도를 구하는 것은 자신을 위해서이고, 학문을 하는 것은 그것을 세상에 응용하기 위해서이고, 타인에 대하여 알 수 있고 선악을 판별할 수 있는 것은 타인이 자신을 알아주기를 원해서가 아니다."[22]라고 했다.

다음은 효도와 공경의 실천이다.

한 인간의 타인과의 관계는 다음과 같은 다섯 범주를 벗어나지는 않는다고 할 수 있다. 즉 군신관계 · 부자관계 · 부부관계 · 형제관계 · 붕우관계라고 하는 관계망을 벗어날 수는 없다고 볼 수 있다. 이들 가운데 부자와 형제관계는 혈연에 근거를 둔 관계망이라고 할 수 있다. 그래서 공자는 "젊은이들이여 집에 들어가서는 효도를 다하고 밖에 나가서는 웃어른을 공경하고, 말은 신중히 하고 한다면 신뢰할 수 있는 말을 할 것이며, 널리 사람들을 사랑하고 어진 사람을 가깝게 해야 한다. 이러한 것들을 실천하고 남음이 있으면 곧 문자를 배워라."[23]라고 했던 것이다. 이처럼 공자는 부모형제지간 가운데서 효도와 공경의 마음을 육성하여 이를 바탕으로 더욱 확대시

22) 唐華, 『孔子哲學思想源流』, 臺北, 正中書局, 1977년, 538쪽 참조.

23) 『論語』, 「學而」, "弟子入則孝, 出則弟, 謹而信, 汎愛衆, 而親仁. 行有餘力, 則以學文."

켜서 부부간에 화목하고 벗과의 관계에서는 신뢰와 의리를 준수한다면 인간사회는 불협화음이 없는 조화로운 사회가 될 것이라고 했던 것이다.

유자有子는 "그 사람됨이 효성스럽고 공손하면서 윗사람을 범하기를 좋아하는 사람은 드물다. 윗사람을 범하기 좋아하지 않으면서도 혼란을 일으키기를 좋아하는 사람은 있을 수 없다. 군자는 근본에 대하여 힘써야만 하는 것이니, 근본이 서야만 올바른 길이 생겨난다. 효도와 공경이란 것은 인을 실천하는 근본인 것이다."[24]라고 하여, 효도와 공경이 '인仁'을 실천하는 근본이 된다고 하였다. 또한 공자 역시 "그러한 것들(효도와 공경)을 실천하고 남음이 있으면 곧 문자를 배워라."라고 하여, 효도와 공경의 덕을 실천하는 것이 문자를 배우는 공부보다 더욱 중요하다고 생각했다. 이와 같은 언급들을 통하여 공자는 '인덕仁德'의 교육을 중시했음 충분히 알 수가 있게 되는 것이다.[25]

끝으로 충성과 신의이다.

자신의 진실한 마음을 다하는 것을 '충忠'이라 하고, 진실한 태도로 타인을 대하는 것을 '신信'이라고 하는데, 충성과 신의는 국가의 일을 진실 된 태도로 수행하는 것을 의미함과 동시에 타국과의 교류관계에서 빠트려서는 안 될 원칙이라고 할 수 있다. 그렇기 때문에 『논어』에서는 '충'과 '신' 두 글자를 함께 병렬시키는 경우가 다반사로 나타나고 있다. 예를 들자면, 「학이」의 "충성과 신의를 위주로

---

24) 『論語』, 「學而」, "其為人也孝弟, 而好犯上者, 鮮矣; 不好犯上, 而好作亂者, 未之有也. 君子務本, 本立而道生. 孝弟也者, 其為仁之本與!"

25) 邱鎮京, 『孔子思想述論』, 臺北, 文津出版社, 1971년, 37쪽 참조.

하고, 자기만 못한 자를 벗하지 말라."[26]와 「공야장」의 "열 집이 있는 마을이면 반드시 충성과 신의에 있어서 나 같은 사람이 있을 것이다."[27] 및 「자한」의 "충성과 신의를 위주로 하고, 자기만 못한 사람을 벗하지 말 것이며, 허물이 있으면 거리낌 없이 고쳐라."[28] 그리고 「위령공」의 "말은 충성스럽고 신의가 있고, 행동은 독실하고 공경스럽다."[29] 등이 있다.

이상과 같은 인용문들에서와 같이 공자가 충성과 신의라고 하는 말을 통하여 항상 제자들을 가르쳐왔음을 알 수 있으며, 제자들 역시 충성과 신의를 자신을 성찰하고 점검하는 신조로 삼았음을 알 수 있다.[30]

이상에서 언급한 공자의 네 가지 가르침四敎 즉 학문과 행실과 충성과 신의의 내용을 귀납하면 다음과 같이 네 과목으로 정리할 수 있다. 먼저 덕행과목은 효도와 공경으로 덕행을 실천하는 근본으로 삼는다. 학문과목은 시詩와 예禮를 처음 학문을 배우는 것의 기초로 삼는다. 정치과목은 충성을 일처리의 기조로 삼는다. 언어과목은 신의를 교우관계에 원칙으로 삼는다. 이러한 공자의 교육내용은 체계적이고 교재가 충실한 완비된 교육이라고 할 수 있을 것이다.

---

26) 『論語』, 「學而」, "主忠信, 無友不如己者."
27) 『論語』, 「公冶長」, "十室之邑, 必有忠信如丘者焉."
28) 『論語』, 「子罕」, "主忠信, 毋友不如己者, 過則勿憚改."
29) 『論語』, 「衛靈公」, "言忠信, 行篤敬."
30) 邱鎮京, 『孔子思想述論』, 臺北, 文津出版社, 1971년, 37쪽 참조.

4. 교육방법

훌륭한 교육자는 완정한 교육 청사진과 교육의 특화된 장점을 가지고 있어야 만이 비로소 "자신이 서기를 원하면 타인을 먼저 서게 하고, 자신이 도달하고 싶으면 타인을 먼저 도달하게 하라."는 경지에 도달 할 수 있는 것이다. 공자의 "옛 것을 잘 익혀서 새로운 것을 알게 되면, 스승이 될 수 있다."[31]라는 언급과 "배우고 그것을 때에 맞춰서 익힌다면 이것 또한 기쁘지 아니한가?"[32]라고 한 언급에서 볼 때, 배움은 그의 생애의 전반을 관통하는 여정이 되는 것이고 때에 맞춰 배운 것을 익힌다는 것은 기쁨이 되는 것이었음을 알 수가 있다. 즉 옛 것을 익힌다는 것이 때에 맞춰 익힌다는 것으로 과거의 지적전통을 복습한다는 것이다. 새로운 것을 알게 되는 것이 바로 배움이 되니 이는 새로운 관념을 계발한다는 의미가 되는 것이다. 옛 개념과 새로운 개념을 연결하는 것으로부터 시작하여 그것을 다시 다른 개념에게까지 확대 적용시켜 나가게 될 때 새로운 현상을 발견할 수 있게 되는데, 지혜는 바로 이러한 가운데에서 생성되는 것이라고 할 수 있다.

교육의 방법론에 있어서 공자가 사용한 방법은 계발방법이라고 할 수 있다.[33] 『논어』에 기록되어 있는 공자와 제자들 사이에 이루어진 질의와 응답 속에서, 공자는 제자들이 한 질문에 대하여 제자

31) 『論語』, 「爲政」, "溫故而知新, 可以為師矣."
32) 『論語』, 「學而」, "學而時習之, 不亦說乎?"
33) 中華孔子研究所, 『孔子研究論文集』, 北京, 教育科學出版社, 1987년, 330~331쪽 참조.

들 각자의 수준과 여건에 상응하는 해답을 제시하는 모습을 적지 않게 발견할 수 있는데, 이러한 방법론이 바로 계발방법이라고 할 수 있다. 공자가 한 "발분하지 않으면 계도해 주지 않고, 답답해하지 않으면 일러 주지 않으며, 한 모퉁이를 들어 보였을 때 나머지 세 모퉁이에 대해서도 안다는 반응을 보이지 않으면 거듭 가르치지는 않는다."[34]고 하는 언급에서와 같이 배움의 문제에 있어서 사고가 경직되어 문제해결의 방법을 터득하지 못했을 때, 공자는 문제해결의 실마리를 찾을 수 있도록 도와주는 방법을 통하여 제자가 문제를 해결할 수 있게 했다. 또한 제자가 문제의 내용을 파악했으나 언어적 표현 능력이 부족하여 제대로 표현하지 못하면, 공자는 적합한 단어를 사용하여 제자 스스로가 표현에 있어서 막힌 부분을 깨달을 수 있도록 조력한다. 만일 학생이 앞에서 언급한 것과 같은 상황이 아니고 근본적으로 배움에 대한 의지가 없는 상태라면 공자는 억지로 가르치려 하질 않고 "발분하지 않으면 계도해 주지 않고, 답답해하지 않으면 일러 주지 않음."의 태도를 취했다. 이처럼 공자는 배움에 대한 의지를 매우 중요시했었으며, 가르칠 때에는 스스로가 깨우칠 수 있는 계발을 유용한 교육의 원칙으로 삼았다는 사실을 알 수가 있다.[35]

공자는 교육에 있어서 주로 덕성의 배양에 중점을 두었으며 지식적인 부분의 육성은 부차적인 것으로 보았다고 할 수 있다. 그렇기 때문에 공자는 실천적인 부분의 교육을 지식적인 교육보다 더욱 중

34) 『論語』, 「述而」, "不憤不啓, 不悱不發; 擧一隅, 不以三隅反, 則不復也."
35) 陳大齊, 『孔子思想硏究論集(二)』, 臺北, 黎明文化事業公司, 1983년, 273쪽 참조.

시했던 것이다. 그래서 공자는 "자네들은 내가 숨기는 것이 있다고 생각하는가? 나는 자네들에게 숨기는 것이 없네! 나는 자네들에게 보여주지 않은 행위란 없네. 이것이 바로 나일세."[36]라고 하여, 자신이 언급한 것과 실천한 것을 통하여 제자들에게 '인仁'의 가장 중요한 의미가 실천에 있다는 것을 천명한 것이다. 이러한 공자의 교육방법론에 대하여 구체적으로 세분하여 언급하면 다음과 같다고 할 수 있다.

먼저, 체득과 계발이다.

공자는 제자들을 교육할 때 주로 계발의 방법을 통하여 학습자들이 스스로를 성찰하고 체험하여 터득할 수 있도록 만들었다. 공자는 학습자의 사고 운용능력을 가로막는 상황을 유발시키는 주입식의 교육을 주장하지 않았는데, 이는 그가 교육의 중점을 학습자에 두며 교육자는 보조적인 역할을 한다고 하는 학습자 위주의 교수법을 주장했다는 반증이 된다고 할 수 있다. 공자의 제자들 가운데 이러한 교육을 가장 잘 받은 이가 바로 안회顔回라고 할 수 있다.[37] 그 실례는 안회가 "선생님께서는 차근차근 사람을 잘 유도해 주시어, 학문으로써 우리를 넓혀 주시고, 예로써 우리를 단속해 주신다. 그만두려 해도 그만둘 수 없어, 나의 재능을 다하고 나니, 앞에 세워 주신 지표가 우뚝한 듯하다. 비록 그것을 따르고자 하나, 따를 길이 없다!"[38]라고 한 언급에 잘 나타나 있다. 안회의 배움에 대한

---

36) 『論語』, 「述而」, "二三子以我為隱乎? 吾無隱乎爾. 吾無行而不與二三子者, 是丘也."

37) 邱鎭京, 『孔子思想述論』, 臺北, 文津出版社, 1971년, 45쪽 참조.

38) 『論語』, 「子罕」, "夫子循循然善誘人, 博我以文, 約我以禮. 欲罷不能, 既竭吾才,

열정은 공자가 이미 인정했을 정도로 대단했었다. 공자가 안회를 칭찬하여 "안회는 나를 돕는 사람이 못된다. 내 말에 대하여 기뻐하지 않는 것이 없으니!"[39]라고 한 언급에서의 "기뻐하지 않는 것이 없다."와 앞의 인용문 가운데 "나의 재능을 다하고 나니"는 안회가 공자의 계발 교육을 통하여 터득한 바가 있다는 것을 의미하는 것이다.

다음은 학문적 벗과 함께 토론하고 연구하는 것이다.

인간은 집단을 이루어 사는 동물이라고 할 수 있다. 사람들은 서로가 교류하고 서로 도움을 주고받는 사회조직의 한 구성원이라고 할 수 있다. 마찬가지로 학습자는 모두가 공통적으로 학문을 배워야 한다는 목표가 있다. 이러한 학습자들 사이에는 서로 학문의 정진과 덕성의 수양에 도움을 주고받는 관계가 형성되는데, 이는 인간이 학교생활을 하는 가운데 필수불가결한 요소인 것이라고 할 수 있다. 그렇기 때문에 공자는 일찍이 "학문에 뜻을 같이하는 벗이 먼 곳에서 찾아온다면 또한 어찌 즐겁지 아니하겠는가!"[40]라고 언급한 것이며, 자로子路에게도 "학문에 뜻을 같이하는 벗 사이에는 성실히 서로 격려하고 올바르게 힘쓰며, 형제 사이에는 화락해야 한다."[41]라고 했던 것이다. 이처럼 공자는 학문을 같이 하는 벗과의 교류를 매우 중시했으며, 또한 제자들에게 도움이 되는 벗과 그렇지 않은 벗에 대하여 판별할 것을 언급하기도 했다. 공자가 언급한

如有所立卓爾. 雖欲從之, 末由也已!"

39) 『論語』, 「先進」, "回也, 非助我者也. 於吾言, 無所不說!"

40) 『論語』, 「學而」, "有朋自遠方來, 不亦樂乎!"

41) 『論語』, 「子路」, "朋友切切偲偲, 兄弟怡怡."

도움이 되는 벗이란, 정직하고 성실하며 신뢰할 수 있으며 많이 배우고 들은 사람을 의미한다. 해로운 벗은 견해가 편협하고 말만 번듯하게 잘하며 진정으로 학문을 연마하지 않는 사람을 의미한다. 그렇기 때문에 서로가 함께 토론하고 연구하면서 학문연마에 전념할 수 있는 사이래야 만이 비로소 모두에게 도움이 될 수 있는 벗이 되는 것이다. 그러므로 공자는 학문에 뜻을 같이하는 벗과의 학문적 토론과 연구를 매우 중시했던 것이다.

다음은 학문에 대하여 흥미를 유발시키고 격려하는 것이다.

중국 근현대시기의 사상가였던 양계초梁啓超는 자신의 일생에서 가장 중시했던 것이 바로 '책임감'과 '흥미'였다고 했으며, 심지어는 "사람의 마음은 항상 흥미 가운데서 생활해야만, 그 생활이 비로소 가치가 있는 것이다."라고까지 했다. 이처럼 흥미는 인생에 대하여 매우 중요한 요인으로 작용하고 있음을 발견할 수 있으며, 흥미는 감정 속에 잠재되어 있는 것인데 이것이 자신의 노력에 의해서나 혹은 외부의 영향에 의해 선도되어 결국에는 흥미로 승화되는 것이다. 그렇기 때문에 교육자는 학습자들을 격려하여 그들이 배움에 대하여 흥미를 가질 수 있도록 만드는 한편 그들 스스로가 노력을 통하여 이상적인 경지에 이를 수 있도록 지도해야만 하는 것이다. 공자 역시 이러한 도리에 대하여 충분히 알고 있었다. 그래서 그는 "거친 밥을 먹고 물을 마시고, 팔을 굽혀 베개 삼고 있어도, 즐거움은 그 가운데 있다."[42]라고 언급했던 것이며, 또 말하기를 "현명하구나, 안회여! 한 그릇 밥을 먹고 한 쪽박 물을 마시며 누추한 거리

---

42) 『論語』, 「述而」, "飯疏食, 飮水, 曲肱而枕之, 樂亦在其中矣."

에 산다면, 남들은 그 괴로움을 감당치 못할 터인데, 안회는 그의 즐거움이 변하지 않는다. 현명하구나, 안회여!"[43]라고 했던 것이다. 이와 같이 공자는 배우려는 의지가 없는 학생에 대하여 억지로 가르치려 하지 않고, 다만 그들이 학습에 대하여 흥미를 유발할 수 있는 방법을 채택하여 그들 스스로가 배움이란 힘든 것이 아님을 스스로 깨우치게 만들었다.

끝으로 자신이 직접 시범을 보이는 것이다.

자신이 직접 시범을 보이는 교육은 언행으로써 옳고 그름의 판별을 가르치는 것이라고 할 수 있는데, 공자가 "자기 자신이 올바르면 명령하지 않아도 제대로 되고, 자기 자신이 올바르지 못하면 비록 명령한다 해도 따르지 않는다."[44]라고 언급한 것이 그 같은 경우에 해당 된다고 볼 수 있다. 공자의 이러한 언급은 교육자는 마땅히 훌륭한 인격을 갖추어야 만이 학습자를 진실하고 성실한 태도로 대할 수 있는 것이며, 또한 이를 통하여 학습자들을 인격적으로 감화 시킬 수 있다는 것이다. 안회가 "우러러볼수록 더욱 높고, 뚫을수록 더욱 굳으며, 바라보면 앞에 계시다가도, 어느 틈에 뒤에 계신다."[45]라고 언급한 것처럼, 그의 공자에 대한 존경과 흠모의 정은 진정으로 사람들을 감동시키기에 충분하다고 할 수 있다. 또한 이는 공자 자신의 인격 기품을 드러낸 것이 되는데, 여기에 바로 공자의 유언무언의 가르침이 드러나는 것이다. 즉 교육자가 어떻게 학습자의

---

43) 『論語』, 「雍也」, "賢哉回也! 一簞食, 一瓢飮, 在陋巷. 人不堪其憂, 回也不改其樂. 賢哉回也!"

44) 『論語』, 「子路」, "其身正, 不令而行; 其身不正, 雖令不從."

45) 『論語』, 「子罕」, "仰之彌高, 鑽之彌堅; 瞻之在前, 忽焉在後."

마음속에 깊은 인상을 심어주는가의 문제는 바로 이러한 방식으로 해결되는 것이라고 할 수 있다. 맹자가 "덕으로써 복종하는 사람은 마음속으로부터 기뻐하면서 진심으로 따르는 것이니, 마치 칠십 명의 제자들이 공자를 마음속으로부터 따른 것과 같다."[46]라고 언급한 것 역시 공자의 인격교육의 한 단면을 보여주는 실례가 된다고 할 수 있을 것이다.

이상과 같은 교육방법론 외에도 공자가 애용한 교육방법으로는 수준별로 차등을 두어 실시하는 교육이 있다.[47] 이를 구체적으로 언급하자면 다음과 같은 것들이 있다. 즉 학습자 개인의 성품의 차이에 따라 그에 적합한 교육을 실시한 것이다. 공자는 "자고는 어리석고, 증삼은 노둔하고, 자장은 형식적이고, 자로는 거칠다."[48]라고 언급한 바에서와 같이 공자는 제자들의 성품의 차이에 대하여 세심한 관찰을 통하여 각자에게 맞는 교육을 실시했다. 또한 개인의 재질의 차이에 따라 그에 적합한 교육을 실시한 것이다. 즉 공자는 "자로는 제후의 나라에서 군사를 다스리게 할만은 하나, 그가 인한지 어떤지는 모르겠소.……염구는 천 호의 고을이나 경대부의 가문에서 참모는 할만은 하나, 그가 인한지 어떤지는 모르겠소.……자화는 예복을 입고 조정에서 사신들과 빈객들을 응대 할만은 하나, 그가 인한지 어떤지는 모르겠소."[49]라고 언급한 것처럼 제자들의 재

46) 『孟子』, 「公孫丑上」, "以德服人者, 中心悅而誠服也, 如七十子之服孔子也."
47) 徐仲林 外, 『孔子教育思想研究』, 北京, 人民教育出版社, 1985년, 216~217쪽 참조.
48) 『論語』, 「先進」, "柴也愚, 參也魯, 師也辟, 由也喭."
49) 『論語』, 「公冶長」, "由也, 千乘之國, 可使治其賦也, 不知其仁也.……求也, 千室之邑, 百乘之家, 可使為之宰也, 不知其仁.……赤也, 束帶立於朝, 可使與賓客言

질의 차이에 대하여 평가를 하고 그에 부합하는 교육을 했던 것이다. 그리고 개인의 관심분야의 차이에 따라 그에 적합한 교육을 실시한 것이다. “자로가 수레와 말과 옷과 가벼운 갖옷을 벗들과 함께 쓰다가 그것들이 낡아져도 유감없기를 바란다고 말하자, 안연이 선함을 남에게 자랑하지 않고, 공로를 남에게 과장하는 일이 없기를 바란다고 말했다.……공자가 노인들은 편안하게 해주고, 벗들에게는 신의를 지키고, 젊은이들은 따르게 해주고자 한다고 말했다.”[50] 이것은 공자와 제자들 사이에 있었던 개인의 지향하는 바와 포부에 대한 논의라고 할 수 있다. 공자는 제자들과의 가벼운 대화 속에서 학생들이 자신의 포부와 지향하는 바를 인식하고 확립할 수 있도록 했는데, 이는 학생들로 하여금 다른 사람을 이해하고 또 자신 역시 이해할 수 있게 해주는 매우 훌륭한 교육사례라고 할 수 있는 것이다.

5. 맺는 말

이상과 같이 공자의 교육사상에 대하여 교육의 원칙과 교육의 내용 및 교육방법론을 중심으로 논의를 진행해보았는데, 이를 정리하면 다음과 같다.

공자는 교육자가 교육목적이 있고 학생들이 학습방향이 있은 다

也, 不知其仁也.”

50) 『論語』, 「公冶長」, “子路曰: 願車馬衣輕裘, 與朋友共. 敝之而無憾. 顏淵曰: 願無伐善, 無施勞.……子曰: 老者安之, 朋友信之, 少者懷之.”

음의 단계는 반드시 교육과 학습이 중심이 되어 "덕을 지킨다."고 하였는데, 이는 공자의 사상 가운데 도덕교육이 모든 교육의 핵심이 된다고 하는 것을 단적으로 나타내는 것이라고 할 수 있다. 공자의 이러한 도덕교육의 최종적인 목표는 바로 '인仁'의 정신을 육성하는데 있는 것이기 때문에 그는 "인에 의지한다."고 하는 주장을 했던 것이다. 또한 공자의 교육과정 단계는 먼저 학문연마의 필요성을 제시하고, 그 다음은 덕행의 실천을 '인仁'을 위주로 할 것을 역설하며, 끝으로 학과를 분류하여 가르친다는 과정으로 이루어져 있다. 공자가 주장한 학과의 분류는 바로 덕행과 언어와 정사 및 학문이라고 할 수 있다. 그렇지만 공자에게 있어서 지식은 덕행을 협조하는 역할을 하면서 완성된 인격을 양성하는 덕성의 보조적인 기능을 하는 것으로 인식되는데, 이러한 점이 바로 공자 교육원칙의 주요한 목적이 되는 것이다.

공자는 '시詩'로서 인간의 감정을 일으키고, '예禮'로서 인간의 규범을 수립하고, 음악으로서 인간의 덕성을 육성한다고 했다. 먼저 '예禮'는 인간사회의 분쟁을 종식시키는 기능을 함과 동시에 궁극적으로는 모든 사회 구성원들의 조화로운 삶의 영위를 목표로 하는 것이기 때문에 공자는 '예禮'를 교육의 핵심적인 요소 가운데의 하나로 상정한 것이다. 또한 음악樂에는 인간의 품성을 순화시키고 사회의 풍속을 좋은 방향으로 개선시키는 잠재적인 기능과 함께 인간의 정서에는 음악의 내적 아름다움이 담겨져 있고 음악은 인간의 정서를 외부로 표현하는 것이 되는 것이기 때문에 공자가 음악교육에 전념한 것이라고 생각한다. 그리고 '시詩'에는 인간의 내적 덕성의 자각으로서의 '인仁'을 흥기시킬 수 있는 기능이 담겨져 있으며, 또한 '시詩'에는 그것의 학습을 통하여 사람이 '인仁'의 본질을 파악할 수 있게 하는 효능도 있었다고 할 수 있다. 이러한 '시詩'는 인간에 대하여 덕성교화의 의미가 있기에 인격을 완성시켜 줄 수 있는 것이다. 공자가 제자들을 교육할 때 제자들이 '시詩'를 배워야만 하는 이유 가운데 장점과 '시詩'를 교재로 채택한 주요한 원인이 바로 여기에 있는 것이다.

공자의 교육방법론에는 체득과 계발이 있는데, 즉 공자는 제자들을 교육할 때 주로 계발의 방법을 통하여 학습자들이 스스로를 성찰하고 체험하여 터득할 수 있도록 만들었다. 또한 학문적 벗과 함께 토론하고 연구하는 것과 학문에 대하여 흥미를 유발시키고 격려하는 것 및 자신이 직접 시범을 보이는 것이 있다. 아울러 이상과 같은 교육방법론 외에도 공자가 애용한 교육방법에는 수준별로 차등을 두어 실시하는 교육이 있다. 즉 학습자 개인의 성품의 차이에 따라 그에 적합한 교육을 실시한 것과 개인의 재질의 차이에 따라 그에 적합한 교육을 실시한 것 및 개인의 관심분야의 차이에 따라 그에 적합한 교육을 실시한 것이 이에 해당된다고 할 수 있다.

참고문헌

黃　侃,『論語義疏』,『皇淸經解』本.

劉寶楠,『論語正義』,『續皇淸經解』本.

焦　循,『孟子正義』,『焦氏遺書』本.

邱鎭京,『孔子思想述論』, 臺北, 文津出版社, 1971년.

唐　華,『孔子哲學思想源流』, 臺北, 正中書局, 1977년.

吳　康,『孔孟學說叢書』, 臺北, 三民書局, 1977년.

陳大齊,『孔子思想硏究論集(二)』, 臺北, 黎明文化事業公司, 1983년.

徐仲林 外,『孔子敎育思想硏究』, 北京, 人民敎育出版社, 1985년.

中華孔子硏究所,『孔子硏究論文集』, 北京, 敎育科學出版社, 1987년.

劉錫辰,『孔子及其敎育思想』, 開封, 河南大學出版社, 1988년.

鍾肇鵬,『孔子硏究』, 北京, 中國社會科學出版社, 1990년.

제 3 장

성인론

1. 시작하는 말

공자의 사상을 기록해 놓은 『논어論語』에서 '성聖'자에 관한 언급은 모두 여섯 번에 걸쳐 보이고 있다. 그 가운데 세 곳에서 '성인聖人'이 출현하는데, 이러한 '성인'을 언급한 문장들 가운데 어떤 것은 공자가 언급한 것도 있고, 어떤 것은 공자의 제자들이 언급한 것도 있다. 그들의 대화 가운데 '성인'에 대한 인식의 차이가 어렵지 않게 발견되어 지는데, 예를 들자면 태재大宰는 '성인'을 많은 지혜와 능력을 갖춘 사람으로 본 반면 공자는 '인仁'한 마음을 내부에 가지고 있으면서, 그것을 외부로 발휘하여 성덕을 쌓는 사람을 '성인'으로 보았다.

공자는 '군자君子'에 대하여 덕성을 구비하고 있는 사람이라고 묘사하는데, 이는 '군자'란 덕성의 수양을 통하여 그것을 실천하는 경지가 기대되어도 좋을 수 있을 정도의 사람이라는 의미인 것이다. 또한 공자는 '선인善人'에 대해서는 백성들의 난폭한 기운과 풍속을 교화할 수 있고, 그들이 악행을 하지 못하도록 만들 수 있는 사람이라고 하였다. 그렇기 때문에 그는 형벌을 적용할 필요가 없는 존재로 교육을 통하여 효제충신을 실천할 수 있도록 해야 한다고 했다. 이와 같은 '선인'은 그 의미상에 있어서 정치적인 업적의 성취에 편중된 존재라고 할 수 있다. 반면 '군자'는 덕성의 수양을 통하여 자신을 스스로 경계하고, 그러한 수양의 누적을 통해서 백성들을 편안하게 만들 수 있도록 하는데, 이러한 목표를 이루기 위하여 자신의 의지를 굳건하게 하여 끊임없이 노력하는 존재인 것이다.

공자에게 있어서의 '성인'은 덕성과 그러한 덕성을 통한 정치적 성취를 겸비한 존재이기 때문에, 그는 그러한 존재를 찾아볼 수 없는 당시의 현실에 대하여 개탄을 금치 못했던 것이다. 비록 공자는 당시의 현실 속에서 '성인'을 찾아 볼 수는 없었지만, 현존하는 '군자'나 '선인' 등은 모두가 '성인'의 가능성에 대한 한 단서를 이루고 있는 존재들이라고 생각했던 것이다. 그렇기 때문에 공자는 '성인'이 인격의 완성자이며 지극히 고상한 존재로서 그러한 경지에는 이르지는 못하더라도 '군자'나 '선인' 혹은 '현자' 등의 경지에는 도달할 수 있기 때문에 종극에는 '군자'나 '선인' 혹은 '현자' 등의 경지를 종합하여 이룩할 수 있는 것으로 보았다.

다시 말하자면 공자가 묘사하는 '성인'은 고상한 덕성을 갖춘 '군자'와 같은 존재이자 정치적 성취를 이룩한 '선인'과 같은 존재이면서 인격을 완성한 요 · 순임금 같은 존재라고 할 수 있는 것이다. 이러한 공자의 '성인관'에 대하여 본문에서는 '성인'의 내적 수양과 정치 · 사회적 성취를 중심으로 조명해보도록 하겠다.

2. 내적 수양

공자는 하늘이 낳은 인간의 본성은 서로 가까운 것이고, 비록 인간들 가운데 선천적으로 지혜로운 사람이 있기는 하지만 중간 등급의 자질을 가진 사람들이 대부분을 차지한다고 생각했으며, 공자 자신 역시 중간 등급의 자질을 가진 사람들의 부류에 포함된다고 생각했다. 그렇기 때문에 상위 등급의 자질을 가진 지혜로운 사람들은, 그렇지 못한 대부분의 사람들이 반드시 천성天性을 지키게 하고 그 위에 후천적인 학습과 수양을 더하여, 그들이 점진적으로 문화적 소양을 갖춘 사람으로 거듭날 수 있도록 해야 한다고 했다. 만일 그렇지 않을 경우 일반적인 사람들은 타락하게 되어 잔재주를 뽐내게 되고 사적인 감정에 치우치게 되는 소인으로 전락하게 된다고 했다. 그러므로 "본성은 서로 가까운 것이지만, 습성이 서로를 멀어지게 한다."[1]라고 한 것이다.

'성인'은 매우 지극한 덕성을 갖추고 있는 존재이기는 하지만, 그러한 덕성을 선천적으로 갖추었거나 일시에 갖춘 것이 아니고 체계적인 향상 과정을 거쳐서 갖춘 것으로, 부단한 자기 내적 반성과 학문을 충실히 하는 한편 이러한 마음의 경지가 일상생활의 언행 속에 발현되는 가운데 덕성을 이루게 된 것이다.

수양의 방법론에는 '뜻을 세움立志'이 가장 우선적인 요건라고 할 수 있다. 뜻을 세운 이후에야 세워진 뜻을 유지할 수 있는 것이며, 뜻이 세워지지 않으면 그러한 뜻을 실천할 수 없게 되는 것이다. 그렇기 때문에 공자는 "만일 인에 뜻을 두었다면, 악한 행위는 없게 될 것이다."[2]라고 언급했던 것이다. 반대로 만일 '악惡'에 뜻을 둔다면 반드시 마음속에서 '악'한 방향으로 사유가 생기게 되고 악한 행위를 하게 되어 '인仁'한 행위는 없어지게 될 것이다. 그러므로 '뜻을

1) 『論語』, 「陽貨」, "性相近也, 習相遠也."
2) 『論語』, 「里仁」, "苟志於仁矣, 無惡也."

돈독하게 하는 것篤志'이야 말로 '인덕仁德'을 구하는 기점이 되는 것이라고 할 수 있는 것이다.

'뜻을 세움'은 분명한 목표를 향해 노력하도록 스스로를 힘쓰게 만드는 한편 실천의 과정 가운데 반드시 직면하게 되는, 외부사물에 의한 방해나 환경적 요인의 장애로 인한 '뜻志'의 단절이나 중도폐기나 혹은 잘못된 길로 들어서게 되는 것을 막아서, 결국은 그러한 것의 지속적인 유지를 통하여 '인덕仁德'을 쌓을 수 있게 만든다. 그리고 반드시 스스로가 장애를 극복할 수 있도록 의지를 굳건히 하여 이해관계에 현혹되지 않고 위협에도 굴복하지 않게 만들 수 있는 원동력이 바로 '용기'이다. '용기'는 굳건한 의지의 표현이기 때문에 공자는 군자의 '도道' 가운데 하나로 그것을 꼽았던 것이다. 이러한 '용기'는 반드시 '예禮'와 '의義'에 의해서 인도 되어야만 하는 것이며, 이러한 '용기'는 '인덕仁德'을 실천할 수 있도록 도와주는 역량이 되는 것이다.

이상과 같이 '뜻을 세움'은 내적 수양의 출발점이 되는 것이고, '용기'는 내적 수양의 원동력이 되는 것으로, 그러한 것의 실천방법론으로는 '예'의 실천이 그 대표적인 것이 된다고 할 수 있다. '예'는 인간이 수양을 하는 과정 가운데 볼 수 있는 언어 · 말투 · 행동 · 태도 등을 의미하며, 예절이라고도 한다. 이러한 예절은 특정한 의식절차의 표현이라고 할 수 있으며, 서로가 이러한 것으로써 교류하고 소통을 할 수 있게 해주는데, 이러한 의식절차를 예의禮儀라고 한다. 예의에 의해서 예절이 발휘될 때에는 종종 물건으로 의사표시를 하기도 하는데, 이러한 물건을 예물이라고 한다. 예의는 한층 더 높은 단계의 법도라고 할 수 있는데, 예를 들자면 혼례에 의해서 혼인 제도를 제정하는 것과 같이 더 높은 단계의 법칙으로써 풍속이나 법률을 제정하는 방식을 예제禮制라고 한다. 모든 예제禮制에는 제각각 목적이 갖춰져 있는데, 이를 예의禮意라고 한다.[3] 그러므로 이러한 예의禮意·예제禮制·예의禮儀·예절禮節·예물禮物은 사람들이 일상생활을 영위하는 가운데 모든 종류의 윤리규범에 영향을 미치는 것이기에, 사람은 이러한 '예禮'의 정신과 규범에 의거하여 말을 하고 행동하는 것이다.

이와 같은 '예'에 대하여 공자는 그것에 강제성이 담겨져 있으며, 그러한 '예'는 개인의 생활규범을 기초로 하여 점진적으로 자연계의 모든 질서를 안정시켜 나가는 것이며, 결국에는 국가의 법령까지 제한 할 수 있다고 생각했다. 그래서 공자는 "군자가 학문을 폭넓게 배우고 예로써 단속을 한다면, 비로소 도를 어기지 않게 될 것이다."[4]라고 언급했는데, 이는 수양이 일정한 경지에 도달했을 때 그러한 강제성이 담겨져 있는 규범을 점진적으로 내재화 시켜서 습관으로 형성시켜야 한다는 것이다.

예절에 나타나 있는 것은, 다른 사람에 대해서 및 매사에 대하여 모두 공경하는 자세를 견지할 수 있는 것과, 온화하고 겸손한 마음가짐 및 신중하고 경박하지 않은 태도를 취할 수 있는 것들이 있으며, 스스로의 행위상에 있어서는 집에서 효도하고 나가서는 어른을 공경할 수 있도록 하며, 현명한 사람을 좋아하는 것을 마치 아름다

3) 王金凌, 「儒家倫理思想」, 『林炯陽先生六秩壽慶論文集』, 臺北, 洪業文化有限公司, 1999년, 514쪽 참조.

4) 『論語』, 「雍也」, "君子博學於文, 約之以禮, 亦可以弗畔矣夫."

운 여인을 좋아하는 것처럼 하는 것들이다. 또한 언행일치와 타인과의 관계 속에서 신뢰를 얻게 되어 자신이 서고자 하면 타인을 먼저 세울 수 있으며, 사람들 사이의 관계망을 더욱 순조롭게 소통시킬 수 있는 것들이 바로 예절에 드러나 있는 것이라고 할 수 있다. 이러한 것을 일컬어 "예는 마음에서 나오는 것이다."라고 하는 것이다.

'예'의 효용성은 그것을 실천하는 과정 속에서 드러나며, 더나가 절도에 맞게 행동거지를 발휘하게 만드는 특성을 가지고 있다고 할 수 있다. '예'에 의거해서 행동할 수 있다면, 그 행위에 대한 정당성과 합리성을 확보할 수 있게 되어, 모든 행동거지가 질서정연하게 되는 것은 물론 제각기 절도에 부합할 수 있게 되는 것이다. '예'의 효용성을 개인의 수양이라고 하는 측면에서 본다면, 즉 타인과의 교류에서 상대방에 대하여 겸손하고 공경하는 태도에 '예'의 절도가 결여되어 있을 경우, 이러한 태도는 아첨하는 것으로 변질되기가 쉽다고 할 수 있다. 또한 '용기'라는 것은 사람들의 의지를 강하게 만들어 주지만, 그러한 것에 '예'의 규범이 결여되어 있다면 자주 혼란한 상황을 조성하게 되어 질서의 근원을 파괴하는 지경에로 치닫게 될 것이다. 이러한 것들은 결국 조화로운 인간관계를 형성하는데 장애요인이 된다고 할 수 있다. 그렇기 때문에 내적인 수양에서부터 시작하여 이러한 정신과 기백을 정치적 성취에로 접목시켜 발휘한다면, "신하를 예로써 부림"과 "나라를 예로써 통치함"이라고 하는 유가에서 추구하는 궁극의 정치이상을 달성할 수 있을 것이다. 결국은 '예'의 교화에 의해서 사회는 안정될 수 있는 것이고, '예'

를 실천하는 방법론은 개인의 수신에 있어서 기초가 된다고 할 수 있는 것이다.

선천적으로 지혜로운 사람은 그다지 많지 않은 반면 대부분의 사람들은 학문의 연마를 통하여 지혜로운 사람이 될 수 있다. 그렇기 때문에 공자는 '배움學'이 인간의 자기계발의 과정 속에서 미치는 영향에 대한 중요성을 특히 강조한다. 공자는 자신에게 있어서 지식의 뿌리를 "십 오세에 학문에 뜻을 두었다."[5]에 있다고 했으며, 지식을 축적할 수 있었던 방법이 "묵묵히 새겨두고, 배움에 싫증내지 않는다."[6]에 있다고 했다. 아울러서 공자는 "열 가구가 있는 마을이면 반드시 진실함과 신뢰할 수 있는 것에 있어서는 나 같은 사람이 있을 것이나, 나만큼 배우기를 좋아하지는 못할 것이다."[7]라고 자신 있게 말했던 것에서와 같이 알 수 있듯이, 공자에게 있어서 지식의 출처는 선천적인 것이 아니라 "옛 것을 좋아하여 힘써 알기를 추구한 것이다."[8]에 있음을 알 수 있다.

공자에게 있어서의 '배움學'이라고 하는 것은 두 가지 범주를 담고 있는데, 하나는 지식을 의미하는 것으로 '예禮'·'악樂'·'사射'·'어御'·'서書'·'수數'에 대한 학습을 뜻하는 것이었다. 이러한 것들은 일상생활의 상식이자 지식인이 갖추어야할 덕목이었기에 응당 배워야만 했던 것이다. 그러므로 공자는 "시경을 공부하지 않으면 다른 사람과 대화를 할 수가 없다."[9]라고 언급했던 것이다. 그 이유는

---

5) 『論語』, 「爲政」, "十五而志於學"
6) 『論語』, 「述而」, "默而識之, 學不厭."
7) 『論語』, 「公冶長」, "十室之邑, 必有忠信如丘者焉, 不如丘之好學也."
8) 『論語』, 「述而」, "好古, 敏以求之者也."

"시경의 시들은 사람의 감흥을 일으켜 줄 수 있고, 사물을 올바로 볼 수 있게 하며, 남과 잘 어울릴 수 있게 하고, 잘못을 원망할 수 있게 하며, 가까이는 아버지를 섬기게 하고, 멀리는 군주를 섬기게 하며, 새 짐승과 풀 나무의 이름도 많이 알게 하는 것이다."[10]라고 하는 것이기 때문이다.

'배움'의 또 다른 의미는 개인의 덕성을 수양하는 것을 의미하는 것으로, 지식을 통한 덕성의 완성을 뜻한다. 지식과 덕성은 상호보완적인 것이기 때문에, 덕성이 있어야 만이 지식이 비로소 정확한 작용을 발휘 할 수 있게 되는 것이며, 그렇지 않을 경우에는 그릇된 판단과 사악한 논리에 현혹되어 혼란한 상태에 빠지게 되는 것이다. 그러므로 공자는 "학문을 폭 넓게 배우며, 예로써 단속을 한다."[11]라고 언급했던 것이다. 그렇기 때문에 지식을 추구하는 목적은 배운 지식을 생명에 소화시켜서 생명에 덕성이 갖추어져 있도록 전환시키려고 하는데 있다고 할 수 있다.[12]

'배움'의 내용은 매우 광범위한 것이라고 할 수 있는데, 학습의 과정 속에서 외재적 사물에 대한 인식이 축적되고 그것이 지식으로 확장되면 곧 지혜는 향상되는 것이다. 이러한 지혜를 통하여 사물의 합리성과 정확성에 대한 판단능력이 강화될 때, 가장 적절한 취사선택을 할 수 있게 되는데 이러한 것을 바로 '현명함明智'이라고

9) 『論語』, 「季氏」, "不學詩, 無以言."

10) 『論語』, 「陽貨」, "詩可以興, 可以觀, 可以群, 可以怨. 邇之事父, 遠之事君. 多識於鳥獸草木之名."

11) 『論語』, 「顔淵」, "博學於文, 約之以禮."

12) 牟宗三, 『中國哲學十九講』, 臺北, 學生書局, 1991년, 46쪽 참조.

하는 것이다. 개인이 덕성을 수양한다고 하는 측면에서 '인仁' · '지知' · '신信' · '직直' · '용勇' · '강剛'의 여섯 덕목은 모두 미덕美德이라고 할 수 있다. 비록 이러한 덕목들을 좋아한다고 할지라도 '지혜智'에 의거하지 않고 그러한 덕목들의 의미를 추구한다면 '환患' · '탕蕩' · '적賊' · '교絞' · '난亂' · '광狂'과 같은 여섯 종류의 그릇된 행위에 쉽게 빠져들게 될 것이다.

제사와 귀신을 경건하게 모시는 것은 본래 '예의범절에 관한 풍속禮俗'이 되는데, 이러한 '예속'은 사회적 정서를 안정시켜주는 기능이 있는 반면에 만일 그러한 '예속'에 너무 몰입하게 된다면 인간사를 버리게 되어 결국은 인간사회의 질서를 어지럽히는 부작용을 초래하기도 한다. 그렇기 때문에 반드시 '지혜'에 의거하여 현명하게 판별을 해야 하는 것이며, 신앙이 사회를 교화시키는 기능을 발휘할 수 있게 하여야 하며, 또한 윤리규범에 위배되게 해서도 안 되는 것이다. 그러므로 공자는 "백성이 지켜야 할 의로움에 힘쓰고, 귀신을 공경하되 멀리하면 지혜롭다 하겠다."[13]라고 언급했던 것이며, 이러한 태도를 확대하여 사회생활 속에서 매번 겪게 되는 성공과 좌절의 순간에 적절한 진퇴의 시기에 대한 선택 역시 '지혜'에 의거하여 처리해야 한다고 했던 것이다.

이와 같이 덕성의 완성은 그것의 실천과 배움에로 귀결되는 것이라고 할 수 있다. 실천의 과정 속에서 예절의 표현을 원만하게 만드는 것은 배움을 축적하는 가운데 지혜를 심화시켜나가는 것에 있다고 할 수 있다.

---

13) 『論語』, 「雍也」, "務民之義, 敬鬼神而遠之, 可謂知矣."

'인仁'은 공자의 학설체계 속에서 도덕가치의 근원이라고 할 수 있는데, 그것은 인간세상의 모든 미덕美德의 근원이라고 할 수 있으며, 또한 인간된 도리의 최고의 준칙이라고도 할 수 있는 것이다. 이러한 '인仁'은 자신에 대해서는 언행에 신중을 기하고 매사에 성실한 태도로 임할 수 있을 것을 요구하며, 가정에 대해서는 부모에게 효도하고 어른을 공경하며 자식에게 자애로울 것을 요구하며, 타인에 대해서는 공경과 양보 및 관용과 신뢰의 태도를 가질 수 있기를 요구하며, 국가에 대해서는 군주를 진실하게 섬기고 정무를 공경스럽게 해야 할 것을 요구하며, 인류 전체에 대해서는 널리 베풀고 여러 사람들을 구제해야 하는 것을 요구한다. 이와 같은 '인仁'에 대하여 굴만리屈萬里와 같은 경우는 다음과 같은 분석을 내놓는다.

> 공자가 말하는 '인仁'이라는 것은 완전히 사람을 대상으로 삼는 것이지 물질을 대상으로 삼는 것이 아니다. 그렇기 때문에 자신이 어떻게 사람답게 살 것이며 어떻게 참다운 사람이 될 것인가의 문제만을 고려할 뿐이지, 어떻게 물질적 풍요를 누릴 것인가에 대해서는 언급하지 않았던 것이다. 이러한 '인仁'의 출발점은 가족에 대한 사랑(부모에 대한 효도와 어른에 대한 공경은 '인'의 근본이다.)에서 시작되며, 그것의 최종적인 목적은 인류에 대한 사랑으로 귀결되는 것이다.[14)]

이러한 분석 외에도 모종삼牟宗三과 같은 경우 '인仁'에는 '각覺'과 '건健'이라고 하는 두 종류의 특성이 구비되어져 있다고 생각했다.

14) 屈萬里, 『書庸論學集』, 臺北, 聯經出版事業公司, 1984년, 265쪽 참조.

'각覺'은 감각기관으로 인식할 수 있는 지각이나 감각을 의미하는 것이 아니라, 말로는 표현할 수 없는 진실한 감정悱惻之感을 의미한다. 이러한 '각覺'은 도덕심령을 가리키는 것으로서 이러한 '각覺'을 통하여 비로소 '사단지심四端之心'을 느낄 수 있게 되는 것이라고 했다. '건健'은 『역경易經』의 "건행불식健行不息"의 의미로, 이것은 곧 우리들의 생명을 표시한 것으로서 이는 반드시 '각覺'을 통과해서만 '건健'으로 나타나는 것이다. 그렇기 때문에 모종삼은 '인仁'은 감통하는 것으로써 '성性'을 삼고, 만물을 윤택하게 하는 것으로써 '용用'을 삼는다고 하는 것을 강조했던 것이다.[15]

3. 정치 · 사회적 성취

유가儒家에서 말하는 '성인聖人'은 내적으로는 덕성을 수양하고 외적으로는 정치 · 사회적 성취를 이룬 존재라고 할 수 있다. 또한 내적 수양은 정치적 성취를 이루게 되는 즉 '성왕聖王'의 경지에 도달하는 기본 바탕이 된다고 할 수 있다. 그렇기 때문에 내적 수양內聖과 정치적 성취外王는 후대 학자들이 말하는 유가사상의 주요한 특성들이라고 할 수 있는 것이다. 이러한 '내성內聖'과 '외왕外王'이라고 하는 개념이 가장 처음 정식으로 보이는 문헌은 바로 『장자莊子』의 「천하天下」[16]편으로서 흔히 알고 있는 것처럼 유가의 경전에서 보

15) 牟宗三, 『中國哲學的特質』, 臺北, 學生書局, 1982년, 29~30쪽 참조.

16) 『莊子』, 「天下」, "天下大亂, 賢聖不明, 道德不一, 天下多得一察焉以自好. 譬如耳目鼻口, 皆有所明, 不能相通. 猶百家眾技也, 皆有所長, 時有所用. 雖然, 不該

이는 개념은 아니다. 이처럼 '내성內聖' '외왕外王'의 관념은 선진제자 백가의 공동의 이상이었던 것으로, 각 학파에서 바라보는 시각과 경중의 차이는 있었지만 각자가 자신들만의 특별한 '성인관聖人觀'을 나타내는 수단이 되었던 것이다.

> 중국의 성인이 도달한 정신적 경지는 불교나 서양종교에서 성인이 도달한 경지나 마찬가지다. 뿐만 아니라 중국의 성인은 세간사에도 관심을 두기 때문에 그는 '안으로는 성인이요, 밖으로는 제왕'의 인격을 가지고 있다. 다시 말하면 내성은 내적 수양의 성취요, 외왕은 사회적 · 정치적 성취를 의미한다.[17]

'외왕外王'에 담겨져 있는 의미는 다음과 같은 세 가지의 뜻이 있다고 할 수 있다. 즉 성현聖賢이 덕성 수양을 통해서 형성된 본인의 인격으로 천하의 백성들을 인도하여 그들이 선한 본성으로써 인간의 본질을 실현케 한다는 의미이다. 다른 하나는 정치적으로 권위를 가지고 있는 통치계층이 객관적 제도와 방법을 통하여 정치적인 성취를 이룩하여 모든 백성들이 안락한 생활을 영위할 수 있도록 만든다는 의미이다. 또 다른 하나는 장기간의 누적을 통하여 면면히 이어져 온 전반적인 역사문화를 통하여 백성들에 대한 잠재적이고 암묵적인 영향을 준다는 의미이다.[18] 이 가운데 정치적인 통치

不遍, 一曲之士也. 判天地之美, 析萬物之理, 察古人之全, 寡能備於天地之美, 稱神明之容. 是故內聖外王之道, 闇而不明, 鬱而不發, 天下之人各為其所欲焉以自為方."

17) 馮友蘭, 『中國哲學簡史』, 『三松堂全集』 第六卷, 鄭州, 河南人民出版社, 1988년, 7~8쪽 참조.

계층이 제도적 방법론을 통하여 국가를 안정시키고 백성들을 교화시킨다고 하는 목적을 달성한다고 하는 의미는 보다 직접적이고 유효한 것이라고 할 수 있다.

공자는 '예악禮樂'제도가 사회질서를 유지한다고 하는 것을 인정하는 한편 시詩와 예악禮樂이 백성들을 교화시키는 기능이 있다고 하는 점을 강조했다. 시詩의 가장 커다란 기능은 온화하고 부드러우며 후덕함으로써 백성들을 교화하여 그들의 정서를 순화시키는 것에 있다고 할 수 있다. 음악樂은 가락에 의해서 생겨난 것으로 내용이나 음률이나 연주를 막론하고 모두가 인간의 내재적인 마음이 지향하는 바에 근거하기 때문에, 음악은 자연의 아름다운 감성으로써 인간의 심령을 감화시켜주며 온화하고 화목한 기상을 양성하는 한편 성정性情을 함양시켜줘 인간이 추구하는 욕구를 만족시켜주는 기능이 있다고 할 수 있다.

음악의 교화기능에 대한 주장은, 공자가 '예악禮樂'의 실질적인 정신이 외재적인 형식을 중시한다는 것에 있다는 점을 강조한다는 것이라고 할 수 있다. 음악 속에는 '선함'이 있어야 한다고 하는 실질적인 내용이 포함되어져 있을 뿐만 아니라, '인仁'을 요구하는 정신이 악곡 전반에 걸쳐 관통되어 있기 때문에, '인仁'을 음악의 본질로 삼게 하는 것이고 음악은 '인仁'의 표현이 되는 것이다.[19] 그렇기 때문에 공자는 "사람으로서 인하지 못하다면 예는 무엇 할 것이며 사람으로서 인하지 못하다면 음악은 무엇 하겠는가?"[20]라고

18) 許宗興, 『孟子的哲學』, 臺北, 臺灣商務印書館, 1989년, 200~202쪽 참조.
19) 史次耘, 「孔子的人格教育與詩禮樂」, 『孔孟月刊』 第二十一期, 11~12쪽 참조.
20) 『論語』, 「八佾」, "人而不仁, 如禮何? 人而不仁, 如樂何?"

말했던 것이다. 음악의 교화기능이 백성들을 순화시키고, 음악을 배우는 목적이 자신의 수양에 있고, 음악을 가르치는 목적이 인격의 완성에 있다고 할 수 있는 것이기 때문에 공자는 '아악雅樂'을 창도했으며 "음악은 순임금의 음악과 무왕의 음악을 쓴다."[21]라는 주장을 했던 것이다. 한편 당시의 '아악雅樂'이 정鄭나라 음악에 의해서 어지럽히게 되자 공자는 "자주 빛이 빨간 빛을 탈취하는 것을 미워하고, 정나라 음악이 아악을 어지럽히는 것을 싫어하며, 예리한 입놀림이 나라를 뒤엎는 것을 싫어한다."[22]라고 개탄했었던 것이다.

시詩·예禮·악樂의 작용은 일상생활에서의 정서조절에 있다고 할 수 있다. 이러한 것들 가운데 시詩와 음악樂은 내재해있으면서 외재적인 작용을 하고 있다고 할 수 있으며, 예禮는 외재해 있으면서 내재적인 작용을 한다고 할 수 있다. 『예기禮記』의 "음악은 마음속에서 우러나오고, 예는 밖에서 만들어진다."[23]와 "예는 백성의 마음을 절제하고, 음악은 백성의 소리를 조화시킨다."[24]라고 하는 언급에서와 같이 볼 수 있듯이, 시詩·예禮·악樂은 상호 표리관계를 이루고 있다고 할 수 있으며, 사람들의 의식과 행동거지를 규정하고 일상생활 속에서의 정서를 순화하며 고상한 품격을 양성하여 가정과 사회 및 국가 사이에 조화롭고 아름다운 삶의 질서를 수립하게 만드는 것이라고 할 수 있는 것이다.

---

21) 『論語』, 「衛靈公」, "樂則韶舞."

22) 『論語』, 「陽貨」, "惡紫之奪朱也, 惡鄭聲之亂雅樂也, 惡利口之覆邦家者."

23) 『禮記』, 「樂記」, "樂由中出, 禮自外作."

24) 『禮記』, 「樂記」, "禮節民心, 樂和民聲."

'예악禮樂'의 정치에서 도출되어 나온 도덕관념은 현실정치의 구체적인 시책에 적용된다고 할 수 있다. 즉 '덕성 수양을 통하여 백성들을 평안하게 한다.'고 하는 성왕聖王의 영도 아래서 공자는 재위에 있는 사람이 덕성을 수양하며 행동거지가 모든 백성들의 모범이 되며 또한 백성들이 '선善'을 향해 가는 본성을 갖추게 되었을 때 비로소 "당신이 '선善'하여지기를 바라면 백성도 선하여지는 것입니다. 군자의 덕이 바람과 같다면 소인의 덕은 풀과 같은 것이라, 풀 위에 바람이 불면 반드시 쏠리게 마련입니다."[25]와 같은 성과를 거두게 될 것이라고 여겼던 것이다. 즉 정치적 성공 혹은 성취의 여부는 집권자의 의지와 행동여하에 달린 것이며 백성들의 양호한 풍속 역시 정부의 국정운영 능력에 달린 것이라는 것이다. 요堯 · 순舜임금이 통치하던 시기의 국가는 백성들의 의식주가 풍족했으며 생활풍속 역시 매우 순박했는데, 이러한 태평성대의 상황은 모두가 요堯 · 순舜임금의 덕행에 기인하는 것이었으며, 모든 백성들이 그들을 우러러 공경하고 그들의 행동거지를 모범으로 삼았던 것이다.

> 덕으로 정치를 하는 것은 마치 북극성은 제자리에 있고 여러 별들이 이를 떠받들며 돌고 있는 것과 같게 되는 것이다.[26]

> 정치적 명령으로써 인도하고 형벌로써 다스리면, 백성들은 형벌은 면하되 수치를 모르게 된다. 덕으로써 인도하고 예로써 다스리면 부끄러

25) 『論語』, 「顔淵」, "子欲善, 而民善矣. 君子之德風, 小人之德草. 草上之風, 必偃."
26) 『論語』, 「爲政」, "為政以德, 譬如北辰, 居其所而衆星共之."

움을 알게 되고 또 올바르게 된다.[27]

백성들을 덕행으로 인도하고 '예禮'에 맞춰서 다스리게 되었을 때 기대되는 효과는 그들을 적극적이고 항구적이며 깊이가 있는 '선善' 한 행위를 할 수 있게 만드는 것으로, 이러한 것이 바로 정치의 요체가 되는 것이다. 반면 백성들을 정치적 명령과 형벌로써 통제할 경우에 나타나는 현상은, 백성들을 소극적이고 임시적이며 얄팍한 수준의 악행에 빠지지 못하게 만드는 것으로, 이러한 것은 정치의 방편이 되는 것이다. 이러한 두 종류의 정치적 기능은 가치적인 측면에 있어서 높고 낮음의 차이가 존재한다고 할 수 있다. 그렇기 때문에 공자의 정치사상은 정치의 요체를 근본으로 삼고 정치의 방편을 보충하는 것으로 삼았다. 즉 도덕정치의 경지는 백성들을 덕행으로 교화시키고 '예禮'로써 다스리는 것을 주요한 기준으로 삼는데, 여기에서의 덕행은 바로 정치의 요체가 되는 것이며 이러한 덕행으로 인도할 수 없을 경우는 '예'로써 제어해야 하나 정도가 심할 경우는 부득이하게 형벌로써 위협해야 하는데, 이러한 것은 바로 정치의 방편이 되는 것이다.

덕행으로 교화 되고 '예'로 다스려지는 사회에서는 백성들이 모두 수치를 아는 도덕정서를 갖게 되고 자신 스스로를 정결하게 하고 자신을 아낄 줄 아는 행동원칙을 가지게 되어 허황된 이익의 추구에 현혹되지 않게 되어 결국에는 모든 사람들이 "만일 당신께서 탐

27) 『論語』, 「爲政」, "道之以政, 齊之以刑, 民免而無恥. 道之以德, 齊之以禮, 有恥且格."

욕하지 않는다면, 비록 상을 준다 하더라도 도적질은 않게 될 것입니다."[28]와 같은 경지에 도달하게 될 것이다. 이와 같은 상태가 된다면 치안문제는 자연히 해결될 것이다.

조화로운 사회 속에서는 사람들 사이의 교류가 신중하고 신뢰할 수 있으며, 서로가 존중하는 가운데 분쟁은 자취를 감추게 되어 사람들이 서로 소송하는 일이 점진적으로 사라지게 될 것이다. 그렇기 때문에 백성들과 정부가 한마음 한뜻으로 협력하게 될 때에 이상적인 정치사회를 구현할 수 있게 되는 것이다.

『예기禮記』에 보이는 "큰 도리가 실행되었던 시대에는, 모든 사람들이 천하를 공유했다."[29]라는 언급과 같이 공자는 '성인'이 통치하는 이상적인 사회의 모식은 바로 모든 사람들이 천하를 공유하는 것이라고 생각했다. 즉 공자가 생각했던 이상적인 사회의 구체적인 모식은 사회복지 측면에서는 "노인은 편안하게 해주고, 벗에게는 신뢰를 주고, 어린이는 보살펴 준다."[30]라고 하는 상태에 도달하는 것으로, 사람이 일생동안 좋은 교육과 보살핌을 받게 되는 사회의 구현이라고 할 수 있다. 도덕교화의 정치적 세례 속에서 사람들은 '예禮'와 '의義' 및 염치와 수치를 아는 인격을 갖추게 되어, 일단 사람이 늙게 되면 부모의 입장에서는 자애로써 자식을 대하고, 자녀는 부모에게 효도하는 윤리적 환경 속에서 천륜의 즐거움을 누릴 수 있게 되는 것이니, 이러한 사회야말로 복지사회라고 할 수 있는 것이다.

---

28) 『論語』, 「顔淵」, "苟子之不欲, 雖賞之不竊."
29) 『禮記』, 「禮運」, "大道之行, 天下爲公."
30) 『論語』, 「公冶長」, "老者安之, 朋友信之, 少者懷之."

백성들이란 국가 조직의 가장 중요한 요소로서 그들의 삶을 영위시키는 경제는 사회의 안정과 유기적으로 연결되어 있는 것이라고 할 수 있다. 그렇기 때문에 공자는 '성인'이 군주가 되어서는 자기 수양을 통하여 백성들을 교화 시키는 것 이외에도 널리 백성들을 구제해야 한다고 생각했다. 그래서 자산子産이 "백성을 보살피는 데는 은혜로웠다."[31]는 것에 대하여 공자는 그가 군자의 도道를 가지고 있었다고 말했던 것이다.

공자는 백성들을 번성하게 만드는 것과 그들을 부유하게 만들어 준 뒤에 교육을 시켜야 한다는 것을 긍정했는데, 이러한 것들은 정치적 조치의 필요조건이라고 생각했다. 공자는 백성들을 부유하게 만드는 방법으로 물자를 절약해서 사용하는 것과 백성들의 농사지을 시기를 피하여 국가의 노역에 동원시키는 것을 들었다.

> 먹을 것을 풍족케 하고, 군비를 충분히 하고, 백성들이 믿도록 하는 것이다.[32]

> 백성들이 풍족하다면, 어떤 군주가 부족하겠습니까? 백성들이 부족하다면, 어떤 군주가 풍족하겠습니까?[33]

또한 공자의 통치계층에 대한 견해는 다음과 같다고 할 수 있다. 즉 당시는 귀족들 사이에 서로가 상대방의 영토를 겸병하는 상황이

---

31) 『論語』, 「公冶長」, "養民也惠."
32) 『論語』, 「顔淵」, "足食, 足兵, 民信之矣."
33) 『論語』, 「顔淵」, "百姓足, 君孰與不足? 百姓不足, 君孰與足?"

매우 엄중했는데, 이러한 결과 재화의 분배가 편중되고 신분질서가 극도로 혼란하게 되는 현상이 발생하게 된다. 그렇기 때문에 공자는 예악제도에 기초한 종법질서를 옹호하기 위해서 재화의 평등하고 고른 혜택이라는 견해를 제시한다.

> 내가 듣건대 국가를 다스리는 사람은 백성이 적음을 걱정하지 않고 고르지 않음을 걱정하며, 가난함은 걱정하지 않고 편안치 않음을 걱정한다 하였다. 고르게 되면 가난이 없어지고, 화락하면 백성이 적지 않게 되고, 편안하면 나라가 기울어지는 일이 없는 것이다.[34]

공자가 언급한 '고르게 됨'이라는 것은 재화를 백성들에게 일률적으로 평등하게 배분하라는 것이 아니고,[35] 통치계층에 있는 귀족들의 내부적인 분쟁과 예법에 대한 파괴를 염두에 두고, 그러한 상황을 타개하기 위해서 내놓은 해법이라고 할 수 있다. 공자가 언급한 정명의 이론은 단지 직책상으로만 "군주는 군주답고, 신하는 신하답고, 아버지는 아버지답고, 자식은 자식다워야 한다."[36]는 것에 그치는 것이 아니고, 모든 계층의 사람들이 각자가 자신의 직분에 맞는 응분의 재화를 소유해야 한다는 것까지를 언급한 것이다. 예를 들자면, 만일 평민이 사대부보다 부유하거나 혹은 사대부와 같은 정도의 재화를 보유하고 있게 된다면, 그들 사이의 신분적 재화상

---

34) 『論語』, 「季氏」, "丘也聞有國有家者, 不患寡而患不均, 不患貧而患不安. 蓋均無貧, 和無寡, 安無傾."

35) 侯家駒, 『先秦儒家自由經濟思想』, 臺北, 聯經出版事業公司, 1985년, 47쪽 참조.

36) 『論語』, 「顔淵」, "君君, 臣臣, 父父, 子子."

의 차이는 현격한 차이를 보이게 되어 사회적으로 문제가 발생할 수 있게 되는 것이다.

주가정朱家禎과 같은 경우 "공자는 부유한 사람에게 부유하면서도 '예'를 좋아하는 것을 요구하여 재화의 점유에 대해서 예법제도의 규정을 준수할 것을 요구하며 이익 때문에 '의'를 잊지 말라고 한다. 이러한 임의로 재화를 침탈하는 것과 빈부격차의 모순을 확대하는 것에 대한 반대의 관념은 당시 통치계층 사이에 존재했었던 심각한 겸병현상의 반영이라고 할 수 있다."[37]라고 주장하고 있다. 그렇기 때문에 이상적인 사회 즉 상위계층과 하위계층의 명분과 실질이 일치하는 봉건사회에서는 천자가 천하의 공통된 주인이 되고, 제후는 각기 자신의 나라를 다스리고, 대부는 각기 자신의 봉토를 다스리며, 선비와 서민들은 각기 자신의 직무에 충실하게 되면 상위계층과 하위계층이 모두 균등하게 자신들의 직분에 맞는 재화를 취득할 수 있게 되는 것이다.

이와 같이 보았을 때, 공자의 '외왕外王' 이상은 종법제도체제의 유지라고 하는 관념 속에서 이루어진 것이라고 할 수 있다. 이러한 '외왕'의 궁극적인 목표는 덕성으로써 백성들을 감복시켜 "가까운 곳 사람들은 기뻐 따르고, 먼 곳 사람들은 흠모하여 찾아오게 만든다."[38]는 상황을 만들어 "온 천하의 백성들이 제 자식을 포대기에 싸 업고 모여든다."[39]고 하는 대동세계의 이상을 실현하는데 있는

37) 朱家禎, 『中國經濟思想史論』, 北京, 人民出版社, 1985년, 221쪽 참조.
38) 『論語』, 「子路」, "近者說, 遠者來."
39) 『論語』, 「子路」, "四方之民襁負其子而至."

것이라고 할 수 있다.

이러한 고차원적인 이상은 현실 환경에 부응하여 구체적으로 실현될 수가 있는 것인가? 라고 하는 의문이 제기 될 수 있다. 춘추시대에 발생했던 겸병전쟁과 각국의 내부에서 전개되고 있었던 정치적 경제적 양상은 중앙정권으로 향하여 집중되고 있는 추세였다. 이러한 현상에 수반하여 본래 봉건귀족들이 소유하고 있었던 행정권 · 군사권 · 조세 징수권 등의 특권들은 점진적으로 삭감되어 가고 있었으며, 그러한 귀족들 역시 몰락해가는 추세로 그들 가운데 혹자들은 식읍을 부여받는 국가의 관료로서 전락하기도 하고 혹자들은 단순하게 토지소유권만을 갖는 지주로 전락하게 된다. 또한 경제시스템의 변화는 정치시스템의 변화를 유발하여 봉건지주제도 시스템에서 점진적으로 중앙집권제의 통일국가 시스템으로 향해 나가는 추세였다.[40]

공자의 '외왕' 이상은 한편으로는 서주西周시대 이래로 전해져온 전통적인 경제사상 가운데의 봉건종법제도 사상을 계승함과 동시에 사회상황에 대해서는 백성들을 '의義'라고 하는 도덕규범 속에서 재화를 추구하게 만들고, 통치자들에게는 사치의 감소와 백성들에 대한 세금과 부역을 경감시켜 자신의 백성들을 부유하게 만들어야 한다는 것을 요구하는 데에 있었다고 말할 수 있다.

40) 朱家禎, 『中國經濟思想史論』, 北京, 人民出版社, 1985년, 280~281쪽 참조.

4. 맺는 말

이상과 같은 공자의 '성인관'에 대하여 '성인'의 내적 수양과 정치·사회적 구현을 중심으로 조명해보았는데, 이를 정리하면 다음과 같다.

공자는 '성인'이 매우 지극한 덕성을 갖추고 있는 존재이기는 하지만, 그러한 덕성을 선천적으로 갖추었거나 일시에 갖춘 것이 아니고 체계적인 향상 과정을 거쳐서 갖춘 것으로, 부단한 자기 내적 반성과 학문을 충실히 하는 한편 이러한 마음의 경지가 일상생활의 언행 속에 발현되는 가운데 덕성을 이루게 되는 존재라고 생각했다. 또한 '성인'이 되기 위한 수양 방법론에는 '뜻을 세움'이 있는데, 이러한 뜻을 세운 이후에야 세워진 뜻을 유지할 수 있으며, 뜻이 세워지지 않으면 그러한 뜻을 실천할 수 없게 된다고 했다. 그렇기 때문에 공자는 '뜻을 돈독하게 하는 것篤志'이야 말로 '인덕仁德'을 구하는 기점이 되는 것이라고 했던 것이다.

'뜻을 세움'은 실천의 과정 가운데 반드시 직면하게 되는 외부사물에 의한 방해나 환경적 요인의 장애로 인한 '뜻志'의 단절이나 중도 폐기나 혹은 잘못된 길로 들어서게 되는 것을 막아서, 결국은 그러한 것의 지속적인 유지를 통하여 '인덕仁德'을 쌓을 수 있게 만든다. 그렇기 때문에 반드시 스스로가 장애를 극복할 수 있도록 의지를 굳건히 하여 이해관계에 현혹되지 않고 위협에도 굴복하지 않게 만들 수 있는 원동력이 필요한데, 그것이 바로 바로 '용기'이다. '용기'는 굳건한 의지의 표현이기 때문에 공자는 군자의 '도道' 가운데 하나로 그것을 꼽았던 것이다. 이러한 '용기'는 반드시 '예禮'와 '의義'에 의해서 인도 되어야 하는 한편 '인덕仁德'을 실천할 수 있는 역량이 되는 것이라고 할 수 있다.

결국 공자에게 있어서의 내적 수양 즉 덕성의 완성은 그것의 실천과 배움에로 귀결되는 것이라고 할 수 있으며, 그러한 실천의 과정 속에서 예절의 표현을 원만하게 만드는 것은 배움을 축적하는 가운데 지혜를 심화시켜나가는 것에 있다고 할 수 있다.

'외왕'에 담겨져 있는 의미는 성현이 덕성 수양을 통해서 형성된 본인의 인격으로 천하의 백성들을 인도하여 그들이 선한 본성으로써 인간의 본질을 실현케 한다는 것과 정치적으로 권위를 가지고 있는 통치계층이 객관적 제도와 방법을 통하여 정치적인 성취를 이룩하여 모든 백성들이 안락한 생활을 영위할 수 있도록 만든다는 것 및 장기간의 누적을 통하여 면면히 이어져 온 전반적인 역사문화를 통하여 백성들에 대한 잠재적이고 암묵적인 영향을 준다는 것이다. 이러한 의미들 가운데 정치적인 통치계층이 제도적 방법론을 통하여 국가를 안정시키고 백성들을 교화시킨다고 하는 목적을 달성한다고 하는 의미는 보다 직접적이고 유효한 것이라고 할 수 있다.

공자의 '외왕' 이상은 한편으로는 서주시대이래로 전해져온 전통적인 경제사상 가운데의 봉건종법제도 사상을 계승함과 동시에 사회상황에 대해서는 백성들을 '의義'라고 하는 도덕규범 속에서 재화를 추구하게 만들고, 통치자들에게는 사치의 감소와 백성들에 대한 세금과 부역을 경감시켜 자신의 백성들을 부유하게 만들어야 한다는 것을 요구하는 데에 있었다고 말할 수 있다. 결국 이와 같은 공자의 '외왕'의 궁극적인 목표는 덕성으로써 백성들을 감복시켜 "가까운 곳 사람들은 기뻐 따르고, 먼 곳 사람들은 흠모하여 찾아오게 만든다."는 상황을 연출하여 "온 천하의 백성들이 제 자식을 포대기에 싸 업고 모여든다."고 하는 대동세계의 이상을 실현하는데 있는 것이라고 할 수 있다.

참고문헌

朱彬,『禮記訓纂』,『宜祿堂』 淸刻本.

黃侃,『論語義疏』,『皇淸經解』 本.

朱熹,『論語集注』,『海淵閣』 明刻本.

劉寶楠,『論語正義』,『續皇淸經解』 本.

劉文典,『莊子補注』, 昆明, 雲南人民出版社, 1991년.

王金凌,「儒家倫理思想」,『林炯陽先生六秩壽慶論文集』, 臺北, 洪業文化有限公司, 1999년.

牟宗三,『中國哲學十九講』, 臺北, 學生書局, 1991년.

屈萬里,『書庸論學集』, 臺北, 聯經出版事業公司, 1984년.

許宗興,『孟子的哲學』, 臺北, 臺灣商務印書館, 1989년.

馮友蘭,『中國哲學簡史』,『三松堂全集』 第六卷, 鄭州, 河南人民出版社, 1988년.

侯家駒,『先秦儒家自由經濟思想』, 臺北, 聯經出版事業公司, 1985년.

朱家禎,『中國經濟思想史論』, 北京, 人民出版社, 1985년.

史次耘,「孔子的人格教育與詩禮樂」,『孔孟月刊』 第二十一期.

제 4 장

천인관계론

1. 시작하는 말

중국역사에서 천인관계天人關係에 대한 연구가 수천 년에 걸쳐 진행되었고 또한 그것은 중국 전통문화의 각 부분에 걸쳐 많은 영향을 주었기 때문에 천인관계론은 중국사상을 규정하는 특징적인 문제라고 할 수 있다. 이러한 천인관계의 문제는 지난 과거의 기억 속에만 존재하는 것이 아니라 현실 속에서도 여전히 영향을 끼치고 있으며 현대사회에서도 여러 분야에 걸쳐 여전히 살아 있는 것이라고 말할 수 있다.

천인관계의 문제는 특히 중국철학에 있어서 인간과 세계에 대한 궁극적인 물음으로, 중국인들은 일찍부터 이 문제에 대해 집중적인 관심을 기울여 왔다. 중국문화의 특성상 인간과 세계에 대한 이해는 그들의 삶에 필수적이었기 때문에 중국철학에서 천天은 비록 정도의 차이는 있지만 거의 대부분의 학파와 시대에 가치의 궁극적인 근원 역할을 해왔다. 그러므로 천인관계에 대한 조명은 중국사상의 정신을 이해하는 절대적인 관건이 된다고 할 수 있는 것이다.

천인관계의 형태에 있어서 특히 '천天' 개념은 매우 중요한 위치를 차지하는데 이러한 '천' 개념에 대해 전인들은 다음과 같이 정의했다. 먼저 풍우란馮友蘭은 일찍이 중국의 고대문자 속에 있는 '천'을 다섯 가지 다른 형태의 의미를 지닌 것으로 파악한다. 먼저 물질적 의미의 '천'(地와 상대로서의 천)과 주재자적 의미의 '천'(황천 · 상제 등의 인격적천) 그리고 운명의 의미로서의 '천'(인간의 삶 속에서 인간의 능력으로 어찌할 수 없는 불가항력적인 힘으로서의 천) 또한 자연적 의미의 '천'(자연계의 운행 · 법칙으로서의 천) 끝으로 의리義理적인 의미의 '천'(우주의 최고 원리로서의 천, 즉 중용에서 언급한 "천명지위성天命之謂性"의 천)등의 형태로 파악한다.[1] 또한 채인후蔡仁厚는 '천'을 의리사상의 각도로부터 파악하는데, 그는 '천' 개념을 세 가지의 형태로 구분하여 말한다. 즉 '의지천'(意志天: 인격신의 의미 혹은 고대로부터 전해져 내려오는 주재자적인 의미의 천으로 『시경詩經』·『상서尙書』·『춘추좌전春秋左傳』·『국어國語』 등지에서 보인다.) 그리고 '덕화천'(德化天: 천도天道 · 천리天理 · 천덕天德으로서의 천) 또한 '기화천'(氣化天: 음양陰陽 등 자연의 생성변화의 근거로서의 천) 등의 형태로 파악한다.[2]

이상과 같은 천인관계의 다양한 형태에 대하여 다음과 같은 시각으로 정리해보도록 하겠다.

첫째로 만일 '천'을 인격신의 대표로 본다면 '천'과 상응하는 존재는 지상의 통치자가 되는데, 이와 같은 천인관계 속에서는 군주가 '천명'을 받아서 인간 사회의 통치자가 되어 '천'의 인자함과 사랑仁愛을 체현해야함과 동시에 덕德을 백성들에게 베풀어야 한다. 그래서 『시경』에서는 "하늘의 명이 아아! 그윽하고 그지없어, 아아! 밝기도 해라 문왕의 크신 덕이여!"[3], 『상서』 역시 "하늘도 사방 천하의 백성들을 가엾게 여기셨으니, 왕께서는 천명을 보살피시고 힘써 일하도록 하여 삼가 덕행을 빨리 시행하도록 하십시오."[4]라고 말하고 있다. 이러한 의미의 천인관계는 대략 주周나라 초기에 출현하여 서

1) 馮友蘭, 『中國哲學史』, 臺北, 藍燈文化事業股份有限公司, 1989년, 55쪽 참조.
2) 蔡仁厚, 『孔孟荀哲學』, 臺北, 學生書局, 1990년, 236~240쪽 참조.
3) 『詩經』, 「周頌」, "維天之命, 於穆不已, 於乎不顯, 文王之德之純."
4) 『尙書』, 「召誥」, "天亦哀於四方民, 其眷命用懋, 王其疾敬德."

한西漢시기에 이르러 동중서董仲舒의 천인감응天人感應 사상체계 속에서 커다란 발전을 이룬다.[5] 그러나 이 둘 사이의 차이는 다음과 같다고 할 수 있는데, 즉 서한시기의 천인감응사상 속에는 이미 음양가陰陽家의 '재이災異' 관념이 혼재되어 있는데, 이러한 관념 속에는 인간의 행위는 반드시 천지간의 상서로운 현상과 재난에 대한 책임을 수반하며 또한 자연계의 비정상적인 현상 역시 모두 인간에게 그 책임이 있다고 생각하지만, 주나라 초기의 천인관계는 주로 통치권의 변화문제에 관심이 집중되어 있다.

둘째로 만일 '천'을 도덕가치의 근원으로 본다면 '천'과 상응하는 존재는 성현聖賢 및 도덕수양을 통하여 성현의 경지에 도달하는 사람이 된다. 이러한 관념 속에서의 천인관계는 곧 '천'과 사람이 같은 덕을 가지고 있는 존재로 이해되어진다. 이러한 전통은 주로 선진 유가에 의해 형성 발전된다. 유가에 의하면 인성人性은 천도天道에 근본을 두고 있기 때문에 성性과 천도는 상호 관통하는 것으로, 인간이 심성의 수양을 통해서 위로 하늘의 덕天德에 합치한다고 하여 사람의 덕人德과 하늘의 덕天德을 동일 선상에서 파악한다. 그래서 공자는 "인의 실천을 통하여 하늘을 안다."고 하였고, 맹자는 "그 마음을 다하는 사람은 그 성을 아니, 그 성을 알면 하늘을 알게 된다. 그 마음을 보존하여 그 성을 기르는 것은 하늘을 섬기는 근거가 된다."[6] 라고 한 것이다. 그러므로 이러한 의미 속에서의 천인관계의 형태는 도덕가치중심의 세계관을 형성하며 중국의 전통문화 형성

5) 楊慧傑, 『天人關係論』, 臺北, 水牛圖書出版事業有限公司, 1989년, 4쪽 참조.
6) 『孟子』, 「盡心上」, "盡其心者, 知其性也. 知其性, 則知天矣, 存其心, 養其性, 所以事天也."

에 대하여 깊은 영향을 끼쳤다고 할 수 있다.

셋째로 만일 '천'을 자연적인 의미로 본다면 '천'과 상응하는 존재는 '신인神人'이나 '진인眞人'이 된다. 이러한 관념 속에서의 천인관계는 '천인불상승天人不相勝'으로 이해되어진다. 이런 전통은 주로 도가의 자연주의에 의해 형성발전 되는데, 도가에 있어서의 '신인'이나 '진인'의 경지에 도달할 수 있는 수양방법론은 비록 유가의 성인의 경지에 도달하도록 덕을 수양한다는 수양방법론과 상호보완 되는 점이 있으나, 그 주목적은 덕을 이루는데成德에 있지 아니하고 정신적인 초월을 통하여 자연과 합일을 이루는 경지에 도달하는데 있다. 그래서 장자는 "하늘과 사람이 서로 다투는 것으로 보지 않으니, 이런 사람을 '진인'이라 일컫는다."[7] 라고 하였다. 그러므로 이러한 의미 속에서의 천인관계의 모습은 천과 사람이 서로 다투지 않고 만물과 내가物我 혼연일체가 되는 것을 나타내고 있는데, 이런 형태의 천인관계사상은 중국 문화에 있어서 특히 문학과 예술분야에 깊은 영향을 주었다.

이상과 같이 천인관계의 다양한 유형에 대해 간략하게 고찰 해보았다. 본문에서 주로 언급할 내용은 은주殷周시대의 천인관계에서부터 시작하여 공자를 중심으로 한 춘추시대의 천인합일天人合一사상인데, 이는 선진유가의 천인관계 문제에 있어서 매우 중요한 관건성의 문제이기 때문이다.

---

7) 『莊子』, 「大宗師」, "天與人不相勝也, 是之謂眞人也."

2. 공자 이전의 '천' 개념 및 천인관계의 변화발전

고대 중국에 있어서의 '천' 개념은 주나라 초기에는 지고무상至高無上의 인격신의 의미로 이해되어지고 있었다. 물론 주나라 이전 즉 은상殷商시기에도 '천' 개념과 유사한 개념이 있었는데 은나라 사람들은 이것을 '제帝'라고 불렀다.

공자는 스스로를 "옛것을 배워 전하기는 하되 창작하지는 않으며, 옛것을 믿고 좋아한다."[8]고 하였다. 육경六經은 공자에 있어서 매우 친숙한 문헌이었으며 그 내용을 제자들에게 전수했는데, 이는 중국문화의 역사적인 연원을 삼황오제三皇五帝의 시대까지 소급시키는 것이다. 그러므로 공자사상의 연원은 이러한 시대의 문화발전과도 밀접하게 관계된다고 할 수 있다. 공자에게 있어서 이러한 시대의 문화적 배경을 이해하는데 필요한 자료는 사실상 매우 부족했다. 그래서 공자는 "하夏나라의 예禮를 내가 말할 수는 있으나 기杞나라로서는 실증하기에 부족하고, 은나라의 예를 내가 말할 수는 있으나 송宋나라로서는 실증하기에 부족하다. 문헌과 현명한 이들이 부족한 탓이니, 이것들이 충분하다면 내가 실증할 수 있을 것이다."[9]라고 말하였던 것이다. 이러한 상황 속에서 공자사상의 연원을 파악하기는 상대적으로 더욱 곤란할 뿐이다. 그러나 다행히도 다량의 갑골문이 출토되어 이러한 시대배경을 이해하는데 중요한 단서를 제공하였으나 갑골문은 은상殷商시기의 유물로 은상殷商시

8) 『論語』, 「述而」, "述而不作, 信而好古."

9) 『論語』, 「八佾」, "夏禮, 吾能言之, 杞不足徵也. 殷禮, 吾能言之, 宋不足徵也. 文獻不足故也, 足則吾能徵之矣."

기의 문화배경에 관한 단서만을 제공해 주었다. 그러므로 은상殷商 시기 이전의 문화배경은 역사적인 사실로서 일일이 검토 할 수는 없고 다만 전설에 의지해야 할 뿐이다.[10)]

이것 외에 문헌전적을 통해서 이러한 시기의 문화배경을 파악하는 것 역시 괜찮은 방법인데, 그 대표적인 문헌전적은 『시경』과 『상서』로 이러한 경서가 성립된 시기는 대략 주나라 초기에서 춘추시대 초기에 이르는데 6~7세기의 시간적 배경을 가로질러 넘고 있다.[11)] 그러므로 이 두 권의 경서는 두 시대의 사상배경을 이해하는데 빠져서는 안 될 연결고리인 것이다.

갑골문의 자료에 의하면 은민족은 종교의식을 자주 거행하는 민족으로 매년 열여덟 종류의 각기 다른 종교의식을 거행하였으며 이러한 종교의식은 일 년 가운데 110일을 차지했다.[12)] 조상숭배 · 제사 · 주술 등은 은나라 사람들의 일상생활 속에서 매우 중요한 부분으로 자리 잡아갔다.[13)] 은민족은 조상숭배를 특별히 중요시하였는데 그것은 은나라 사람들의 관념 속에 있어서의 조상은 비록 육체는 죽으나 영혼은 영원히 사라지는 존재가 아닌 것으로, 조상의 혼령은 비록 육체가 죽더라도 생전의 지위 · 권위 · 감정 · 욕망 등을 가지고 있으며 또한 조상은 육체가 사멸된 뒤에도 신비한 능력을 갖게 되어 후손들에게 복을 주거나 저주를 내릴 수 있는 존재였다.

---

10) 秦家懿, 孔漢思, 『中國宗教與西方神學』, 臺北, 聯經出版事業公司, 1993년, 10~11쪽 참조.

11) 傅佩榮, 『儒道天論發微』, 臺北, 學生書局, 1989년, 26쪽 참조.

12) 傅佩榮, 『儒道天論發微』, 臺北, 學生書局, 1989년, 3쪽 참조.

13) 秦家懿, 孔漢思, 『中國宗教與西方神學』, 臺北, 聯經出版事業公司, 1993년, 7쪽 참조.

그래서 은나라 사람들의 생활 가운데에 있어서 제사를 통한 조상숭배는 철저한 "죽은 사람 섬기기를 살아있는 사람처럼 한다."는 정신의 표현이었다.[14)]

혹자는 심지어 '제帝'의 관념이 은나라의 씨족신氏族神이 변해서 생긴 것이라고 말한다.[15)] 그러나 문헌자료에는 '제'가 독립적이고 초월적인 모습을 보유하고 있는 것으로 나타나 있으며 일반 백성들은 '제'에게 직접적으로 기원하거나 혹은 '제'와 접촉을 할 수가 없었으며 조상을 통해서만 기원과 접촉이 가능했다.[16)] 그래서 은나라 사람들에게 있어서의 '제'와 인간의 관계는 다음과 같은 형태를 갖게 된다. 즉 '제'는 모든 것을 주재하며 절대적인 권위를 갖고 또한 하늘의 높은 곳에 거하면서 지상의 인간들에게 복과 재앙을 내려주는 존재였으며, 인간은 '제'에 대하여 경외와 두려움을 가지고 모든 일을 '제'에게 묻고 기원했다. 군주가 국가의 대사를 결정하거나 왕실의 대소사와 관련된 문제를 처리 할 때도 반드시 '제'의 의사를 점복占卜을 통해서 묻고 행하였다. 그래서 은나라 시기의 왕은 군주이면서 동시에 태사太師·태축太祝혹은 태무太巫였다.[17)]

은나라가 멸망하고 그 뒤를 이어 주나라가 들어서면서 '제'의 관념도 점차 변화되어 '천' 관념이 그 자리를 대신하게 되는데, 주나라 초기에는 '제'나 '천' 관념이 같이 쓰이다가 세월이 흐름에 따라 '천'

14) 楊慧傑, 『天人關係論』, 臺北, 水牛圖書事業出版公司, 1989년, 25쪽 참조.
15) 傅佩榮, 『儒道天論發微』, 臺北, 學生書局, 1989년, 4~6쪽 참조.
16) 傅佩榮, 『儒道天論發微』, 臺北, 學生書局, 1989년, 25쪽 참조.
17) 傅佩榮, 『儒道天論發微』, 臺北, 學生書局, 1989년, 22쪽 참조.

관념으로 바뀌게 된다.[18)]

은나라시기에 있어서 '제'는 지고무상의 권위를 지닌 주재자로서 인간의 위에 존재하면서 축복과 재앙을 내리는 특색을 가지고 있었으나, 주나라 초기에 이르러서는 비록 인간의 위에 존재하면서 복과 재앙을 내려주는 일면도 있지만 백성들을 사랑하는愛民 특색이 현저하게 드러난다. 이를테면 『시경』, 「대아」에 "위대하신 상제께서 위엄 있게 세상에 임하시어 세상을 살펴보시고 백성들의 고통을 알아 보셨다." 또 『상서』, 「소고」에 "하늘도 사방 천하의 백성들을 가엾게 여기셨으니 왕께서는 천명을 보살피시고 힘써 일하도록 하며 삼가 덕행을 빨리 시행하도록 하십시오." 그리고 『상서』, 「태서」에 "하늘이 백성을 긍휼히 여기셔서 백성이 하고자하는 바를 하늘이 반드시 따라서 행하니" 라고 한 부분에서 찾아볼 수 있다. 그러므로 이러한 시기의 천인관계는 더 이상 상명하복의 관계가 아닌 '천인동심天人同心'·'천인합덕天人合德' 관계의 모습을 나타낸다. 당시의 군주들은 대부분 그들 자신의 왕위를 '천명'으로부터 부여받았다고 믿었으며, 백성들 역시 '천명'은 덕이 있는 군주에게 수여된다고 하는 것을 믿었다. 그래서 하·은왕조의 군주들도 과거에 역시 '천명'을 부여받았으나 종국에 가서는 '천명'을 상실하고 멸망당했다는 역

18) '제'와 '천'의 관계에 대하여 학자들 사이에 다양한 견해가 존재하는데, 서복관徐復觀은 주나라의 문화는 처음에는 은제국 문화의 한 갈래였으나 은나라를 멸망시킨 이후에 문화와 제도상의 발전을 이룩한다. 이는 은나라 문화를 계승하여 발전을 지속적으로 한 결과라고 할 수 있다. 그러므로 주나라 초기의 천·제·천명 등의 관념들은 모두 은나라 문화의 전통에 속한다는 것이다. 徐復觀, 『中國人性論史』, 臺北, 臺灣商務印書館, 1990년, 16~20쪽 참조.

사적 경험에 비춰 주나라 시기에는 '천명미상天命靡常' 즉 '천명'이 일정함이 없다는 것을 인식하고 삼가 덕을 닦아서 '천명'이 영원히 함께 하기를 기원하였는데, 이때 덕을 수양하는 주 대상은 군주였으며 그 목적은 '천명'을 영원히 보전하는데 있었다.

그렇다면 이러한 시기에는 군주에게 덕이 있는지 없는지를 과연 어떻게 파악하였을까? 이러한 의문에 대하여 『상서』, 「태서」에는 "하늘이 보실 때에는 우리 백성들로부터 통하여 보시고, 하늘이 들으실 때에는 우리 백성들로부터 통하여 들으신 것이오."와 『상서』, 「고요모」의 "하늘이 듣고 보는 것이 아니라 우리 백성들이 듣고 보는 것을 따르는 것이며, 하늘이 밝히고 위압하심이 아니라 우리 백성들이 밝히고 위압하는데 따르는 법입니다."에서 보이는 바와 같이 백성들의 뜻이 곧 하늘의 뜻이고, 백성들을 섬기는 것이 곧 하늘을 섬기는 것이라 하여 군주가 덕이 있는가? 그렇지 않은가?는 백성들의 뜻을 통해서 드러난다고 하였다. 그러므로 당시의 사람들은 하・은왕조의 멸망은 바로 군주가 덕을 잃어서失德 생긴 결과로 하늘이 왕조를 바꾸고 새로운 군주를 세운 것으로 생각한 것이다.

군주가 예악禮樂을 제정하고 백성들을 교화 시켜감에 따라 백성들이 나날이 선을 추구하게 함으로서 인간의 덕人德이 하늘의 덕天德과 일치하게 되는 것이다. 예악(일종의 인문 문화)이 발흥하면서 인간들이 점차 주체적으로 사유하기 시작하여 과거의 인습(즉 모든 일을 신이나 점괘에 의지하던 습관)으로부터 탈피하여 인간 자신이 주체가 되어 모든 일을 결정하거나 해결하였다. 또한 도덕의식

역시 점차 대두되어 도덕법칙에 합치되는 '천도天道' 사상이 천천히 형성되어졌다.

> 주나라시기 사람들의 공헌은 전통의 종교생활 가운데 자각의 정신을 불어넣은 데 있다.……주나라가 은나라를 극복했다는 것은 곧 정신적인 자각을 한 통치 집단이 정신적인 자각을 하지 못했거나 자각이 부족한 통치 집단을 극복했다는 것이다.[19]

그러므로 사람들의 관념 역시 '경천敬天'에서 '경덕敬德'으로 전화되어 간다. 『상서』, 「소고」에 "그들이 그들의 덕행을 삼가 실행하지 않았기 때문에 일찍이 그들 나라의 운명을 상실한 것인지를 모릅니다." 그리고 이때 '덕'의 구체화된 모습은 바로 문왕文王이다. 또한 『시경』, 「대아」에 "상제 하시는 일은 소리도 없고 냄새 또한 없어, 문왕을 본받으면 천하가 믿고 따르게 되리라."라는 말과 『시경』, 「주송」에 "하늘의 명이 아아! 그윽하고 그지없어, 아아! 밝기도 해라 문왕의 크신 덕이여!"라고 한데서 '경천'의 관념이 '경덕'의 관념으로 전화된 것을 알 수 있다.

경천'의 관념이 '경덕'의 관념으로 전화되었다는 것은 곧 인간의 주체의식이 점차 형성되어 그들이 자신의 능력이나 책임 가치 등을 자각하기 시작하고 긍정했다는 것을 의미한다. 그러므로 '천'의 인격신적 요소는 점차 퇴색되어 도덕적 의미를 갖춘 형이상학적인 '천'이 그 자리를 대신 하는 것이다.

---

19) 徐復觀, 『中國人性論史』, 臺北, 臺灣商務印書館, 1990년, 15~16, 19~20쪽 참조.

그러나 주나라의 려왕厲王과 유왕幽王시대에 이르러서는 왕실의 부패와 군주는 부덕한 행위를 자행하고 폭압적인 정치로 백성들을 학대하므로 백성들은 학정의 고통 속에서 신음하면서 하늘에 호소를 하지만 하늘은 묵묵부답으로 일관하고 대지에 호소하나 대지 역시 침묵으로 일관하고, 제후들은 그들대로 서로 정벌전쟁을 자행하는 한편 '천명'을 권력쟁탈을 위한 구실로 이용한다. 그래서 백성들은 더욱 참담한 상황에 빠지게 되고 그 속에서 하늘에 대하여 원망과 원한을 품는 마음을 가지게 된다. 따라서 천인관계 역시 본래의 화합의 상태에서 점차 긴장과 대립의 형태로 변해간다. 이와 같이 시대의 변화는 '천'의 인격신적 요소를 퇴색시키고 도덕적인 의미의 형이상학적인 모습을 점차 희석시켜 운명이나 자연적인 의미의 '천'으로 전화시킨다.

그러므로 춘추시대에는 천인관계에 있어서 급속한 변화가 발생하는데 통치 집단의 부패는 전통의 예악붕괴를 초래하여 군주가 군주답지 못하고, 신하가 신하답지 못하고, 부모는 부모답지 못하고, 자식은 자식답지 못하는 등 윗사람이나 아랫사람이 서로를 해치고 자식이 부모를 살해하고 신하가 군주를 시해하는 풍조가 만연하여 사회의 혼란은 끊임없이 지속되어 전통가치는 심각한 시련에 직면한다. 이러한 시대적 상황에 직면한 공자는 과연 어떻게 하늘과 인간사이의 본래적 모습인 화합의 관계와 질서를 회복하고자했나에 대하여 살펴보도록 하겠다.

3. 공자의 천인관계

춘추시대를 회고해보면 이 시기는 예악이 붕괴된 시대로 귀족사회의 부패와 타락으로 인해서 제후들은 방탕무도하고 신하된 자가 군주를 시해하고 자식 된 자가 부모를 죽이는 등 봉건제도를 유지하고 있던 주나라의 문화가 형식적으로 변화되면서 타락의 형태로 전화된다. 또한 제후들은 천자의 통치 질서로부터 이탈하여 개개인이 각기 독립된 새로운 형태의 국가를 형성하여 봉건제도는 나날이 몰락하여가는 위기에 직면하게 되는데, 이러한 정치와 문화의 이중적인 위기의 상황 속에서 어떻게 하면 이러한 시대의 질서를 바로잡을 수 있을까 하는 문제는 그 당시 많은 사상가들의 주된 관심의 소재였다.

공자는 주나라 문화에 새로운 생명을 부여하는 것으로 이러한 시대상황의 난국을 해결하려 하였다. 과연 공자는 어떤 방식으로 주나라 문화에 새로운 생명력을 불어넣었을까? 공자는 주나라 문화에 대하여 새로운 생명력을 불어넣는 작업을 인간의 자각으로부터 착수해야 한다고 생각하고 퇴폐적이고 향락적인 삶의 태도에서 그러한 것들을 분연히 떨치고 일어나야 한다고 생각했다.

당시의 기타 여러 학파들은(주로 묵·도·법가)[20] 주나라 문화에 대하여 보편적으로 부정적인 태도를 취하는데, 먼저 묵가의 태도를

---

20) 牟宗三의 견해에 의하면, 제자백가라는 것은 주로 儒家·墨家·道家·法家·名家·陰陽家의 六家를 말하는 것이며, 앞의 四家는 주나라 문화의 병폐를 시정하려고 한 데서 발생하였다. 牟宗三, 『中國哲學十九講』, 臺北, 學生書局, 1991년, 57쪽 참조.

보면 그들은 공리주의적인 입장과 태도로서 주나라 문화를 파악하여 주나라 문화의 '예禮'는 번잡하고 낭비적인 것으로 생각하여 비유非儒 · 비악非樂 · 절장節葬 등을 주장하고, 도가는 작위적이고 형식적인 것을 주나라 문화로 파악하여 주나라 문화를 인간의 생명을 속박하는 주요한 요인으로 생각하여 정신세계의 자유를 추구하고, 법가는 정치 경제적인 측면으로부터 착안하여 당시의 정치형태는 봉건제도이고 경제형태는 정전제도라고 파악하여 봉건제도와 정전제도를 폐지하는 한편 귀족들을 억압하여 군주와 국가의 이익을 증대시킬 것을 주장한다. 이렇게 볼 때 당시의 다른 학파들은 일반적으로 주나라 문화에 대하여 소극적인 태도를 취할 뿐만 아니라 심지어는 배척하는 태도를 취하는데 공자만이 주나라 문화에 대해 적극적으로 긍정적인 태도를 취하며 한 걸음 더 나아가 그것을 생명화 하였다.[21] 이는 은상殷商시대에 있어서는 군주가 백성들로 하여금 귀신을 섬기게 하고 또한 자신도 귀신을 섬기는 등의 천인관계는 경외의 단계에 머물러 있었으나, 주나라의 시대에 와서는 군주가 예악을 통하여 백성들을 교화시킴으로 예악에 의해 교화된 백성들은 끊임없이 선함을 향하여 매진했기 때문이다.[22]

주나라 초기에 있어서의 군주의 덕은 하늘의 덕天德의 구체적인 표현으로, 군주는 '천명'을 계승하여 백성들에게 덕을 베풀어야 했다. 그래서 군주는 끊임없이 '경덕'과 자신의 수양을 통해서 '천명'을 영원히 보전해야만 했다. 군주가 예악을 제정하여 백성들을 교화시

21) 徐復觀, 『中國人性論史』, 臺北, 臺灣商務印書館, 1990년, 57~66쪽 참조.
22) 秦家懿, 孔漢思, 『中國宗教與西方神學』, 臺北, 聯經出版事業公司, 1993년, 63쪽.

켜 백성들로 하여금 지속적으로 선함을 향하여 매진케 하여 군주의 덕으로 하늘의 덕天德에 도달하고자 하였으니 이러한 이유로 인하여 예악은 그 존재의 필연적 가치가 있는 것이다. 춘추시대에 이르러 예악제도가 점차 형식화 되가는 추세의 주된 원인은 예악제도 자체에 문제가 있어서가 아니고, 그것을 운용하는 사람에게 문제가 있었던 것으로 사람들이 예악제도의 근본정신을 망각하였기 때문에 예악제도는 허공에 붕 떠버린 형식으로 전락하게 된 것이다. 그래서 예악제도의 근본정신을 다시 중흥시키고자 한다면 인간의 자각으로부터 시작하여 예악에 새로운 생명력을 불어넣어야만 하는 것이다. 그러므로 공자는 '인仁'을 논의해서 "예다! 예다! 라고 말하는데 의식만 갖추는 것이 예인가? 음악이다! 음악이다! 라고 말하는데 종치고 북 두드리는 것만을 말하는 것이겠는가?"[23] 또 "사람이면서 어질지 못하면 예는 무엇 할 것이며, 사람이면서 어질지 못하면 음악은 무엇 하겠는가?"[24]라고 했는데, 이는 바로 예악은 반드시 진실한 의미와 가치를 가져야 하고 참 생명을 가지지 않으면 안된다는 것을 말한 것이다. 참 생명은 바로 이 '인仁'에 있음을 알 수 있다. 그러므로 이러한 '인仁'이라는 관념이 제출되어 예악제도를 진실성 있게 만들고 생명력이 있게 하여 객관적 유효성(objective validity)을 가지게 한 것이다.[25]

이것 외에 공자는 '인仁' 개념의 제시를 통해서 천인관계에 새로운 형태를 부여한다. 즉 공자는 고대 성왕들의 생명의 지혜를 늘 동

---

23) 『論語』, 「陽貨」, "禮云! 禮云! 玉帛云乎哉? 樂云! 樂云! 鐘鼓云乎哉?"

24) 『論語』, 「八佾」, "人而不仁, 如禮何? 人而不仁, 如樂何?"

25) 徐復觀, 『中國人性論史』, 臺北, 臺灣商務印書館, 1990년, 55~66쪽 참조.

경하며 "서술하되 창작하지 않고, 옛것을 좋아하여 믿는다."라고 했는데, 여기에서의 '서술'·'믿음'·'좋아 한다'는 것은 모두 고대 성왕들의 생명의 지혜 및 하늘과의 화합을 뜻한다. 그리고 공자 자신 역시 '천명'을 이어받아 문왕의 도통을 계승하였음을 자인한다.

공자는 늘 말하기를 군자에게는 두려워하는 것이 셋 있다고 하였는데 즉 "천명을 두려워해야 하고 위대한 사람을 두려워해야 하고 성인의 말씀을 두려워해야 한다."[26]라고 한 바와 같이 초월자인 하늘에 대하여 경외하는 태도를 가지고 있었다. 그 외에 공자의 다른 언급 속에서도 이러한 하늘에 대한 경외의 태도를 찾아 볼 수 있는데, 즉 "하늘이 내게 덕을 부여해 주셨거늘, 환퇴가 나를 어찌하겠는가?"[27], "나를 알아주는 이는 하늘 일 것이다."[28], "나는 말하지 않으려 한다. 자공이 아뢰었다: '선생님께서 만약 말씀하시지 않는다면, 저희들은 무엇을 전술하겠습니까?' 공자께서 말씀하셨다: '하늘이 무슨 말씀 있으시더냐? 사철이 돌아가고 있고 만물이 자라고 있지만, 하늘이 무슨 말씀을 하시더냐?'"[29], "하늘이 이 문화를 없애려 하셨다면, 후세에 나온 내가 이 문화에 참여할 수가 없었을 것이다. 하늘이 이 문화를 없애려 하지 않고 계신데, 광 사람들이 나를 어찌할 수 있겠느냐?"[30] 이와 같이 공자는 진정한 군자가 되기 위해서

---

26) 『論語』, 「季氏」, "畏天命, 畏大人, 畏聖人之言."

27) 『論語』, 「述而」, "天生德於予, 桓魋其如予何?"

28) 『論語』, 「憲問」, "知我者, 其天乎!"

29) 『論語』, 「陽貨」, "予欲無言. 子貢曰: 子如不言, 則小子何述焉? 子曰: 天何言哉? 四時行焉, 百物生焉, 天何言哉?"

30) 『論語』, 「子罕」, "天之將喪斯文也, 後死者不得與於斯文也. 天之未喪斯文也, 匡人其如予何?"

는 초월자에 대한 경외의 마음가짐이 필요하며, 또한 이러한 것들이 없이는 완전한 인격을 완성할 수 없다고 보았다.

또한 "선생님의 글과 의표에 대해서는 들을 수가 있었지만, 선생님의 본성과 천도에 관한 말씀은 들을 수가 없었다."[31]라고 한 문구에서는 공자가 '성性'과 '천도'의 구체적인 내용에 관해서 언급하지 않았다고 했으나, 공자의 사상체계 속에서 공자가 하늘에 대하여 경외의 심정을 갖고 있었던 것을 찾아볼 수 있다.[32] 그리고 공자가 '인仁'의 사상체계를 수립할 때 그의 마음속에는 모종의 초월적인 기도와 고무가 있어 그 자신으로 하여금 '인仁'을 통하여 '성'과 '천도'에 합일케 했다.[33] 이러한 하늘天이야말로 공자가 진정으로 지향한 생명의 근원인 것이다.

공자는 인간 마음人心의 불안과 불인不忍으로 '인仁'을 말했다. 그래서 공자에 있어서의 '인仁'은 생명의 가장 근본적인 원리가 되기 때문에 만일 인간이 이러한 생명의 가장 근본적인 원리로서의 '인仁'을 상실하게 되면, 곧 마땅히 갖추어야할 인생의 방향과 도리를 상실하게 된다고 생각했다. 예악제도는 이렇게 인간의 마음속에 내재되어 있는 '인仁'으로서 기초를 삼는 것이 필요한데, 만일 이러한 '인仁'을 상실하게 되면 예악제도 역시 형식적으로 변화되어 공허한 메아리가 된다는 것이다. 그러므로 공자는 "사람이면서 어질지 못하다면 예는 무엇 할 것이며, 사람이면서 어질지 못하다면 음악은 무엇 하겠는가?"[34]이라고 말한 것이다.

---

31) 『論語』, 「公冶長」, "夫子之文章, 可得而聞也. 夫子之言性與天道, 不可得而聞也."
32) 『論語』, 「季氏」., "畏天命, 畏大人, 畏聖人之言."
33) 牟宗三, 『中國哲學的特質』, 臺北, 學生書局, 1991년, 33쪽 참조.

춘추시대의 사람들은 한편으로는 하늘에 대한 경외감을 상실하였으며, 다른 한편으로는 인간이 마땅히 갖추어야할 가치의식과 질서의식을 상실했는데, 그 결과 불충한 신하가 나타나서 군주를 시해하고 자식이 부모를 죽이고 윗사람들과 아랫사람들이 서로 해치고 남편은 남편의 역할을 하지 않고 부인은 부인의 역할을 하지 않는 등 사회각처에 기존의 가치체계와 질서체계가 무너지는 무도한 사회적인 분위기가 춘추시대 전반에 걸쳐 충만해 있었다. 그래서 인간이 인간으로서의 가치를 상실하고 하늘 역시 하늘로서의 가치를 상실하였기 때문에 새롭게 천인화합의 관계를 회복하기 위해서는 오직 인간의 내재적인 가치의 재창출을 통해서 인간의 본질 혹은 본성을 회복시켜 하늘의 가치 및 본질을 회복시키는 수밖에 없었다.

천인관계의 파괴는 인간의 정신적인 귀의처를 상실하게 만들었으며 더 나가 예악제도의 붕괴를 초래하여 백성들의 도덕가치에 대한 신뢰와 생명(도덕생명)의 방향을 상실하게 만들었다. 그래서 당시의 사람들은 어떠한 도덕가치 규범에 따라 행동해야 하는지의 방향성을 상실하고 자신의 사욕에 따라 행동하는 방탕한 생활 속에서 살아가고 있었다. 이렇게 춘추시대 전반에 걸쳐 기존의 도덕가치와 질서가 무너지는 풍조가 조성되는 가운데 공자는 '인仁'으로서 '천'의 초월성과 객관적 유효성을 회복시켜 인간의 도덕생명기초를 새롭게 건립할 것을 호소하였던 것이다.

'천'은 공자에게 있어서의 최종 관심소재였으나 시대의 변화 발전

34) 『論語』, 「八佾」, "人而不仁, 如禮何? 人而不仁, 如樂何?"

에 따라 '천'의 본질이 변화되어, 공자는 새로운 '인仁' 관념의 제시를 통해 '천' 혹은 '천도'에 새로운 생명력을 부여한다. 그래서 공자에게서의 '천'은 도덕가치의 실체가 되며 또한 도덕이 존재해야 하는 초월적인 이론근거로 변모한다.

과거에는 덕을 수양해야 하는 대상이 군주에게만 국한되었으며 또한 군주가 덕을 수양해야만 하는 주된 이유는 '천명'을 영원히 보존하기 위해서였던 것이다. 이와 같이 군주들이 덕을 수양했던 것은 외재적인 요인에 의해서이지 내재적인 도덕의 자성에서 우러나와 자율적으로 행하였던 것은 아니었다. 그래서 백성들의 모든 관심의 초점은 자연히 군주의 덕성 수양 여부로 모여지는 한편 군주의 덕성 수양에 의해 하늘로부터 영원한 축복을 받기를 기원하였다. 그러나 군주가 덕을 수양하지 않거나 부덕한 행위를 했을 때 하늘은 곧 부여했던 '천명'과 축복을 거둬들이는데, 이로 말미암아 백성들은 상대적으로 고통스러운 상황으로 빠져들 수밖에 없었던 것이다.

공자는 '인仁'을 통하여 인간 자신에게 내재되어 있는 도덕 가치를 자각 하고자 하였으며, 또한 덕성 수양의 요구를 군주 한 개인에게만 국한시키지 않고 백성들 자신에 대한 요구로 전화시켜, 인간이 자신의 노력을 통하여 끊임없이 '인仁'을 실천하면 바로 성인聖人의 경지에 도달할 수 있다고 한 것이다.

> 공자의 사명은 본래 "경덕에 힘쓰다"·"천명이 영원하기를 기원하다."의 정치적인 규범에서 "인仁을 실천하여 하늘을 안다."고 하는 도덕규범으로써 군주를 계도하여 문화와 역사적 사명을 재창조한다.[35]

그렇다면 '인仁'은 어떻게 하늘과 인간 사이의 소통을 담당하는 가교의 역할을 하게 되는 것일까? 모종삼은 '인仁'의 특성을 '각覺'과 '건健'이라고 하였다. 즉 '각'은 마음속의 불안과 불인不忍 그리고 슬퍼하는 감정이고, '건'은 열심히 실천하여 그침이 없는 것을 뜻한다고 하여 '인仁'의 특성을 내심의 '각'으로써 부단하게 열심히 실천하는 정신을 표현하는 것이라고 했다. 이러한 것들이 전의 되어 '감통感通'과 '윤물潤物'이 된다고 하여 "인으로써 감통하여 성을 삼고, 윤물로써 용用을 삼는다."고 주장한다. '감통'을 통하여 생명은 점차 더욱 확대되어 극에 달하면 우주만물과 일체를 이룰 수 있으며, 또한 "천지와 더불어 덕을 합하고, 일월과 함께 밝음을 합치하고, 사시와 더불어 순서를 합치하고, 귀신과 더불어 길흉을 합치한다."는 경지에 도달하게 된다고 했다.[36] 즉 개인에게 내재되어 있는 자아의 '감통'을 기점으로 더욱 확대하여 타인과 만물에게까지 파급하여 최종적으로는 천지만물과 하나로 융합하여 상통한다는 것이다. 그러므로 주관과 객관의 절대적인 대립이 사라지게 된다는 것이다.

> 인체·인리·인도 혹은 인심의 네 단어는 서로 통용된다. 즉 "이러한 이치를 체득하여 인식한다는 것은 성과 경誠敬으로써 그것을 보존한다는 것을 말 할 뿐이다." 이는 '인仁'이 '리理'가되는 것을 말하는 것이니 '인리仁理'라고 말할 수 있는 것이다. "이러한 '도道'는 만물과 더불어 대립되는 것이 아니고 이미 그것을 밝히기에 매우 부족하다는 것이다." 이는 '인仁'이 '도道'가 되는 것을 말하는 것이니 '인도仁道'라고 할 수 있는

35) 牟宗三, 『心體與性體』 第一册, 臺北, 正中書局, 1991년, 222쪽 참조.
36) 牟宗三, 『中國哲學的特質』, 臺北, 學生書局, 1991년, 35~36쪽 참조.

것이다. "만물이 모두 나에게 갖추어져 있다." "양지·양능은 본래적으로 상실되는 것이 아니다." 이는 곧 마음心으로서의 '인仁'을 말한 것이니 '인심仁心'이라고 말할 수 있는 것이다.[37]

그러므로 심心·성性의 관계에서 말하면 '심'은 곧 '성'으로 '인仁'의 주관적인 의미心가 도출될 수 있으며, '성'·'리理'의 관계에서 말하면 '성'은 곧 '리'로 '인仁'의 객관적인 의미性가 도출될 수 있으며, '리'·'도道'의 관계에서 말하면 '리'는 곧 '도'로 '인仁'의 절대적인 의미天가 도출될 수 있는 것이다. 그래서 주관·객관·절대가 서로 상통하여 일체를 이루는 것이므로 '심'·'성'·'천'은 서로 상통하여 일체가 되는 것이다.[38]

이렇기 때문에 '인仁'과 하늘은 합일되어 '인한 하늘仁天'이 되는 것이다.[39] 『중용』의 "천명이 아아! 그윽하고 그침이 없다."라는 말은 하늘이 '천명'이 되는 이유를 언급한 것이며, 또한 "아아! 밝기도 하여라, 문왕의 크신 덕이여!"라는 말 역시 문왕이 성인聖人이 되는 가치를 언급한 것으로 위대한 덕이 그침 없음을 뜻한다. 이는 곧 '천도'의 생성이 멈춤이 없다는 것으로부터 정신적으로 하늘이 '천덕天德'이 되는 이유를 체득하는 것에 이르기까지 그리고 문왕의 덕이 위대하여 그침 없다는 것으로부터 인간이 인간의 덕(문왕의 덕)을 체득한다는 것은 바로 사람의 덕으로서 하늘의 덕과 합일한다는 것이다.

---

37) 牟宗三, 『圓善論』, 臺北, 學生書局, 1985年, 256쪽 참조.
38) 蔡仁厚, 『儒家心性之學論要』, 臺北, 文津出版社, 1990年, 279쪽 참조.
39) 謝仲明, 『儒學與現代世界』, 臺北, 學生書局, 1991年, 98~101쪽 참조.

이와 같이 하늘에 의해 부여된 '인仁'의 실질적인 내용은 이후로 하늘을 더 이상 고원한 존재로 인식치 않게 하였으며 인간의 내면에 존재하는 도덕가치의 실체로 자리 잡게 한 것이다. 즉 하늘은 더 이상 인간에게 요원한 대상적인 존재가 아님과 동시에 운명이나 자연법칙의 의미도 아닌 살아있는 도덕으로 도덕생명을 끊임없이 창조해내는 형이상학적 실체가 되는 것이다.

4. 맺는 말

이상과 같이 공자의 천인관계론에 대하여 공자 이전의 '천'개념 및 천인관계의 변화발전과 공자의 천인관계 모식을 중심으로 살펴보았다.

먼저 은왕조 시기의 천인관계는 '제'와 인간의 관계형태로 말할 수 있는데, '제'는 모든 것을 주재하며 절대적인 권위를 갖고 하늘의 높은 곳에서 기거하면서 지상의 인간들에게 축복과 재앙을 내려주는 존재였으며, 인간은 '제'에 대하여 경외와 두려움을 갖고 있었으며 모든 일을 '제'에게 묻고 기원했다. 군주가 국가의 대사를 결정하거나 왕실의 제반 문제를 처리할 때도 반드시 '제'의 의지를 점복 행위를 통해서 묻고 실행하였다. 이와 같이 은왕조 시기의 천인관계는 절대적인 권위를 갖는 '제'에 대해 인간은 무조건적인 복종과 의무를 강요 당하였으며 인간의 주체성이 용납되지 않는 상명하복의 관계였다.

주왕조 시기의 천인관계는 '천'과 인간의 관계형태로 말할 수 있는데, '천'은 주왕조 초기에는 지고무상의 권위를 지닌 주재자의 일면과 백성들을 사랑한다고 하는 특색도 가지고 있었다. 이 시기의 천인관계의 형태는 이전의 은왕조 시기와는 달리 상명하복의 모습에서 벗어나 '천인동심'·'천인합덕' 관계의 형태로 나타낸다. 또한 군주는 천명을 보전하기 위해 자신의 덕성 수양을 주 임무로 삼는 한편 자신의 덕을 바탕으로 백성들을 교화하는데 주력하였다. 그리고 이 시기에는 이전 시대의 종교적인 분위기에서 탈피하여 인간 자신이 주체가 되어 모든 일을 결정하거나 해결하였으며 도덕의식이 대두되어 도덕법칙에 합치되는 '천도'사상이 형성되어졌다. 인간이 주체가 되어 모든 일을 결정하였다는 것은 곧 인간의 주체의식이 점차 형성되어 인간이 자신의 능력·책임·가치 등을 자각하기 시작했다는 것을 의미한다. 그러므로 '천'의 인격신적 요소는 점차 퇴색되어 도덕적 의미를 갖춘 형이상학적인 천이 그 자리를 대신하는 형태를 보인다.

공자의 시대에는 사회 각처에서 기존의 가치체계와 질서가 무너지는 무도한 사회적인 분위기가 당시 사회 전반에 걸쳐 팽배되어 있었다. 그래서 인간이 인간으로서의 가치를 상실하고 하늘 역시 하늘로서의 가치를 상실하였다. 이와 같이 춘추시대에 있어서의 천인관계의 파괴는 인간의 정신적인 귀의처를 상실하게 만들었으며 더 나가 예악제도의 붕괴를 초래하여 백성들의 도덕가치에 대한 신뢰와 생명(도덕생명)의 방향성을 상실하게 만들었다. 사람들은 어떠한 도덕가치 규범에 따라 행동해야 하는지의 방향성을 상실하고 자신의 사욕에 따라 행동하는 방탕한 생활 속에서 생존하고 있었다. 이러한 가운데 공자는 '인'으로서 '천'의 초월성과 객관적 유효성을 회복시켜 인간의 도덕생명 기초를 새롭게 건립하고자 하였다. 하늘은 공자에게 있어서 최종 관심소재였으며 또한 그는 '인'을 통하여 '천'에 새로운 생명력을 부여한다. 그래서 공자에게 있어서의 '천'은 도덕가치의 실체가 되며 또한 도덕이 존재해야하는 초월적인 이론 근거로 변모하는 것이다.

참고문헌

朱公遷,『詩經疏義』,『四庫全書』 本.

孫星衍,『尙書古今文注疏』,『平津館叢書』 本.

劉寶楠,『論語正義』,『續皇淸經解』 本.

傅佩榮,『儒道天論發微』, 臺北, 學生書局, 1989년.

秦家懿・孔漢思,『中國宗敎與西方神學』, 臺北, 聯經出版事業公司, 1993년.

楊慧傑,『天人關係論』, 臺北, 水牛圖書事業出版公司, 1989년.

徐復觀,『中國人性論史』, 臺北, 臺灣商務印書館, 1990년.

牟宗三,『中國哲學十九講』, 臺北, 學生書局, 1991년.

牟宗三,『中國哲學的特質』, 臺北, 學生書局, 1991년.

제
5
장

경제론

1. 시작하는 말

춘추전국시대는 흔히들 백가쟁명의 시기라고 말한다. 중국 역사에서 매우 중요하고 그 영향력이 지대했던 철학사상이 모두 이 시기에 출현하게 된다. 이러한 철학사상들이 출현하게 된 주요한 원인으로는 당시의 중국 사회가 매우 중대한 문제에 직면하고 있었기 때문이라고 판단된다. 당시의 여러 사상 유파는 중국 사회가 직면한 문제에 대하여 제 각기 다른 해결방안과 반응을 내놓는다. 이처럼 여러 학파가 당시의 사회문제 해결을 위해서 서로 다른 주장을 내놓게 된 데에는 각국 제후들의 정치적 · 군사적 요구에 적극 호응하기 위해서라고 할 수 있다. 당시의 각국 제후들에게는 동일한 이상이 있었는데, 그것은 바로 주나라 왕실을 계승하여 천하를 하나로 평정하는 것이었다. 그렇기 때문에 제자백가는 어떻게 하면 부국강병을 이룩하여 수많은 나라로 갈라져 분쟁을 일삼는 혼란한 천하를 하나로 통일할 것인가의 문제와 통일의 대업을 이룩한 후에 어떠한 방식으로 안정적인 시스템을 정착시킬 것인가의 문제에 대하여 각자의 주장과 방안을 내놓는다.

춘추시대는 국가와 국가 사이에 겸병전쟁이 매우 빈번하게 발생하던 시기로 당시의 통치자들은 겸병전쟁에 의해서 늘어난 백성들에 대하여 매우 유용한 자원으로 취급했는데, 그 주된 이유는 바로 천하를 통일하기 위한 전제로서 부국강병의 목표를 달성하기 위해서는 자국의 인구가 많을수록 유리했기 때문이었던 것이다. 아울러 대국으로 거듭나기 위한 중소국의 통치자들은 반드시 많은 수의 백성들을 보유해야만 했기 때문에 백성들은 아주 유용한 자원으로 취급되었던 것이다. 그러나 백성들과 기타의 자원들은 서로 다른 차이점을 가지고 있었는데, 기타의 자원은 만일 쓰임이 잘못 될 경우에 그것이 소진되거나 낭비될 뿐인 반면 백성들과 같은 경우는 만일 잘못 통치하게 된다면 혼란이 발생할 수 있게 된다는 점에서 확연한 차이점을 보이고 있는 것이다.

당시의 중국 사회는 봉건체제의 소규모 성읍국가 시스템에서 영토국가 체제로 옮겨가는 격변의 시기로 인구는 갈수록 증가하는 추세를 보이고 있었다. 이와 같이 급격하게 증가하는 인구문제는 춘추시기에 중국 사회가 직면한 심각한 문제였으며, 대부분의 제자백가의 사상 역시 모두 이러한 문제에 초점이 맞춰져 있었다. 또한 당시의 노나라는 주나라의 예악제도를 가장 잘 보존하고 있는 국가였을 뿐만 아니라 상공업 역시 매우 번성한 국가 가운데의 하나였다. 제나라의 관중에 의해서 실시된 정치 · 경제 · 사회 등 각 분야에 걸친 대대적인 개혁의 여파는 노나라에까지 미쳐서 노나라는 경제적인 이익과 상공업 분야의 발전으로 생산력이 증가하게 된다. 공자의 시대에 이르러 노나라는 군소 귀족들의 토지점유가 갈수록 증가하는 추세를 보이고, 농민과 소규모 자영업자들이 늘어나는 추세를 보이고 있었다. 이러한 시기에 공자는 '예禮'로써 경제 분야를 포함한 사회 전반의 질서를 더욱 공고히 하고자 했다.

이상과 같은 공자의 경제사상에 대하여 본문에서는 경영관리론과 생산론 및 분배와 소비 · 상품 유통론을 중심으로 분석하여 보겠다.

2. 경영관리론

공자는 군자라고 하는 존재는 의로움에 밝다고 하여 재화를 우선순위에서 다음으로 미루고, 소인은 이익에 밝아서 재화를 우선순위에서 제일 앞에 둔다고 하였다. 거시적인 측면에서 사회 전체를 분석해 본다면 군자라고 하는 사람들은 극소수이고 절대다수가 소인이라고 할 수 있다. 그렇기 때문에 공자를 거시적인 관점에서 볼 때는 역시 재화를 우선순위의 수위에 두었음을 알 수 있게 된다. 즉 공자는 전체 백성들을 부유하게 만든다고 하는 부민사상을 가지고 있었다는 사실을 알 수 있게 된다는 것이다.[1)]

> 공자께서 위나라에 가실 때, 염유가 수레를 몰고 있었다. 공자께서 말씀하셨다. "백성이 번성하구나!" 염유가 여쭈었다. "백성이 번성한 다음에는 또 무엇을 더하여야 되겠습니까?" "그들을 부유하게 해줘야지." "부유하게 된 다음에는 또 무엇을 더하여야 되겠습니까?" "그들을 가르쳐야지."[2)]

위의 인용문에서 "백성이 번성하구나!"라는 말은 위나라의 인구가 매우 많음을 의미하는 것이다. 인구가 번성하게 된 뒤에 제일 급선무로 해야 하는 조처가 바로 백성들을 부유하게 만들어야 한다는 것이며, 부유하게 만든 뒤에야 비로소 그들을 교육시켜야 한다는

1) 朱家楨, 『中國經濟思想史論』, 北京, 人民出版社, 1985년, 82쪽 참조.
2) 『論語』, 「子路」, "子適衛, 冉有僕. 子曰: 庶矣哉! 冉有曰: 既庶矣. 又何加焉? 曰: 富之. 曰: 既富矣, 又何加焉? 曰: 教之."

것이다. 비록 공자가 백성들을 부유하게 만드는 방법에 관해서는 구체적인 설명을 하지는 않았지만, 국가를 경영하는 데에 있어서 가장 먼저 고려해야할 문제가 백성들의 재화를 풍족하게 만들어주는 것이라는 점을 긍정한 것은 분명하다.[3] 당경증唐慶增과 같은 경우도 "백성을 부유하게 만든다고 하는 이론은 공자 경제학설의 기초가 될 뿐만 아니라 유가의 주장 가운데 가장 큰 특색이 된다."[4]라고 주장하고 있다.

공자가 언급한 재화는 서주시대 이래로 전통적으로 중시했던 백성들의 생존에 가장 절실한 곡식 특히 오곡五穀이었을 것으로 판단된다.

> 자공이 정치에 대하여 묻자, 공가 말했다. "먹을 것을 풍족케 하고, 군비를 충분히 하고, 백성들이 믿도록 하는 것이다." 자공이 물었다. "부득이하게 꼭 한 가지를 버려야 한다면, 이 세 가지 중에서 어느 것을 먼저 버리시겠습니까?" "군비를 버려야지." 자공이 물었다. "부득이하게 꼭 한 가지를 버려야 한다면, 이 두 가지 중에서 어느 것을 먼저 버리시겠습니까?" "먹을 것을 버려야지. 옛날부터 누구에게나 죽음은 있었던 것이나, 백성들의 믿음이 없다면 나라는 설 수가 없는 것이다."[5]

정치의 목적은 백성들의 식량을 풍족케 하는 것에만 그치는 것이

3) 陳紹聞, 『中國古代經濟文選』, 上海, 上海人民出版社, 1983년, 64쪽 참조.
4) 唐慶增, 『中國經濟思想史論』, 北京, 人民出版社, 1985년, 75쪽 참조.
5) 『論語』, 「顏淵」, "子貢問政. 子曰: 足食, 足兵, 民信之矣. 子貢曰: 必不得已而去, 於斯三者何先? 曰: 去兵. 子貢曰: 必不得已而去, 於斯二者何先? 曰: 去食. 自古皆有死, 民無信不立."

아니라, 그러한 식량이 지속적으로 풍족하게 될 수 있는 근본 토대를 갖추는 것에 있는 것이다. 즉 농업을 장려하여 생산력을 증대시키게 되면 증산된 생산물을 통하여 군비를 충실하게 갖출 수 있게 되는 것이며, 이를 통하여 백성들로부터 신뢰를 받을 수 있게 되는 것이다. 그렇기 때문에 공자는 식량을 풍족하게 만드는 것 외에도 군비를 충실히 하라는 주장을 했던 것이다. 그러나 부득이하게 이러한 것들 가운데 하나를 포기해야 한다면 바로 군비를 가장 먼저 포기하라고 한 것이다. 백성들의 식량을 풍족하게 만드는 것을 우선으로 하고 난 뒤에야 백성들의 신뢰를 받을 수 있다고 했는데, 그것은 바로 식량은 경제에 관련된 문제이고 군비는 국방에 관련된 문제로서 이들 가운데 공자는 경제를 우선시 했던 것이다. 경제와 국방은 백성들의 신뢰를 바탕으로 수립될 수 있는 것이기 때문에, 공자는 백성들의 신뢰는 식량이 풍부하고 군비가 충실해진 결과로 얻어진다고 했던 것이다.[6] 공자는 통치자가 백성들의 신뢰를 얻기 위해서는 반드시 백성들의 식량을 풍족하게 만들어줘야 한다고 했으며, 백성들이 풍부한 재화를 소유할 수 있게 정책을 시행해야 한다고 역설했다. 또한 그는 이러한 백성들의 재화는 범국가적 차원에서 본다면 매우 중요한 지위를 점하고는 있지만 적어도 윤리적 표준과 평행을 이뤄야 한다고 했다.

공자는 '불인不仁'한 부유함은 거부했으며 또한 궁색하고 의롭지 못한 군대에 대해서도 거부의 입장을 분명히 했다. 공자에게 있어서 군비를 충실하게 한다고 하는 목적은 국가의 치안질서를 유지하

6) 林語堂, 『中國的智慧』, 臺北, 正中書局, 1994년, 422쪽 참조.

기 위함에 있었지, 대외적인 침략전쟁 혹은 정복전쟁을 위해서 있는 것은 아니었다. 그래서 공자는 "먼 곳의 사람들이 복종하지 않으면, 곧 문화와 덕을 닦아서 그들이 따라오게 하고, 그들이 따라온 뒤에는 곧 그들을 편안케 해주는 것이다."[7]라고 말했던 것이다.

공자는 이익을 도모함에 서두르지 말 것과 작은 이익을 위해서 큰 이익에 손해를 끼쳐서는 안 된다고 하며 "효과를 빨리 내려고 하면 일이 제대로 이루어지지 않고, 작은 이익을 추구하면 큰일을 이룩하지 못한다."[8]라고 주장했다. 물론 작은 이익이던 큰 이익이던 지간에 공자가 자하子夏의 정치에 관한 질문에 대하여 급하게 성과를 내려고 하지 말 것을 언급한 것 외에도 이익에 대해서도 언급을 하고 있다.[9] 공자는 "백성들에게 이로운 것을 근거로 하여 그들을 이롭게 해준다."[10]라고 했는데, 이는 곧 백성들이 가장 유리한 방식으로 그들이 최대의 이익을 얻을 수 있게 해주라는 의미이다. 이와 같이 백성들의 이익은 통치자들이 반드시 우선적으로 주목해야 할 문제였다는 것을 공자는 주장하고 있는 것이다.

공자의 국가경영에 있어서 재정에 관한 사항은 과도한 징세에 대한 반대와 절용의 제창과 합리적인 조세의 부과에 그 기본 사상이 담겨져 있다고 할 수 있다. 공자는 지출을 최대한 억제하고 절약할 것을 역설하고 있는데, 국가는 물론이거니와 개인도 마찬가지로 반드시 절약하는 생활을 해야 한다고 했다.

---

7) 『論語』, 「季氏」, "遠人不服, 則修文德以來之. 既來之, 則安之."
8) 『論語』, 「子路」, "欲速,則不達, 見小利則大事不成."
9) 陳紹聞, 『中國古代經濟文選』, 上海, 上海人民出版社, 1983년, 41쪽 참조.
10) 『論語』, 「堯曰」, "因民之所利而利之."

예는 사치스럽기보다는 차라리 검소해야 한다.[11)]

사치스러우면 불손해지고, 검약하면 고루해지는데, 불손하기보다는 차라리 고루한 것이 낫다.[12)]

한 나라를 다스림에 있어서는, 매사를 경건히 하여 믿음이 가게하며, 쓰임을 절약 하고 백성을 사랑하여야 하며, 백성을 부리는 데는 반드시 때에 맞게 하여야 한다.[13)]

이처럼 공자는 개인의 생활이나 국가의 재정에 관한 입장을 절약과 검소함에 기반을 두었는데, 어떤 때에는 곤궁한 지경에 처할 수도 있게 된다. 그래서 공자는 "군자도 본래 궁핍해질 수 있다. 소인은 궁핍해지면 곧 함부로 행동하지."[14)]라고 했던 것이다. 공자의 절약이론은 재정적인 측면을 반영한 것으로 그 주요한 내용은 이미 언급한 앞의 인용문 "쓰임을 절약 하고 백성을 사랑하여야 하며, 백성을 부리는 데는 반드시 때에 맞게 하여야 한다."에 잘 나타나 있다. 그렇기 때문에 공자의 재정이론은 "정치는 재정을 절약하는데 있다."[15)]로 요약할 수 있을 것이다. 공자는 절약과 검소함을 숭상했기 때문에 관자管子에 대하여 그의 정치적 업적은 인정하면서도 사치스러운 행태에 대해서는 날카로운 비판을 했던 것이다.

---

11) 『論語』, 「八佾」, "禮, 與其奢也, 寧儉."
12) 『論語』, 「述而」, "奢則不孫, 儉則固. 與其不孫也, 寧固."
13) 『論語』, 「學而」, "道千乘之國, 敬事而信, 節用而愛人, 使民以時."
14) 『論語』, 「衛靈公」, "君子固窮, 小人窮斯濫矣."
15) 詹智明, 『論語與經商藝術』, 香港, 漢湘文化出版社, 1997년, 279쪽 참조.

공자는 재정에 관한 사안에 대해서 각 항목의 재원을 절약해서 사용할 것을 주장하며 추호의 낭비적인 요소를 없애야 한다고 역설한다.

> 계씨는 주공보다도 부유했는데, 구는 그를 위하여 세금을 거두어 모아 그의 부를 더 보태주었다. 공자가 말했다. "그는 나의 제자가 아니다! 너희들이 북을 울리며 그를 공격한다 해도 괜찮다."[16]

> 노나라 사람이 장부라는 창고를 다시 만들자, 민자건이 "옛날 있던 대로 두고 그냥 쓰면 어떻겠는가? 어찌하여 반드시 다시 지어야만 하는가?"라고 했다. 공자가 "이 사람은 말은 잘 안하지만, 말하면 꼭 이치에 들어맞는단 말이야!"라고 했다.[17]

염구가 계씨를 위해서 백성들을 수탈하자 공자는 그를 자신의 제자에서 제명시키는 한편 제자들이 그를 공격할 것을 주장한다.[18] 또한 어떤 노나라 사람이 장부라고 하는 창고를 개조하려고 한 것에 대하여 공자는 자신의 제자였던 민자건의 견해에 찬동하여 창고의 개조가 쓸데없는 낭비라고 생각했다. 이처럼 공자는 재정의 확충을 위해서 과도하게 백성들을 수탈하는 것에 대하여 분명하고 확실하게 반대의 입장을 표방한다. 특히 과도하게 부과되는 토지세는

16) 『論語』, 「先進」, "季氏富於周公, 而求也為之聚斂而附益之. 子曰: 非吾徒也, 小子鳴鼓而攻之可也!"

17) 『論語』, 「先進」, "魯人為長府. 閔子騫曰: 仍舊貫, 如之何? 何必改作? 子曰: 夫人不言, 言必有中."

18) 杜國庠, 『先秦諸子思想概要』, 北京, 三聯書店, 1955년, 13쪽 참조.

신흥지주들에게는 매우 불리했는데, 그것은 그들이 귀족들에게 세금을 납부했기 때문이다. 비록 신흥지주들이 자신들에게 부과된 세금을 일반 농민들에게 전가시킬 수는 있었지만 그래도 결국에는 자신들의 수익은 줄어들 수밖에 없는 처지였던 것이다. 그렇기 때문에 공자는 정부가 백성들에게 중과세를 부과하는 것에 대하여 결연히 반대를 하고 오히려 백성들의 세금을 경감시켜 줄 것을 주장한다.

공자가 주장한 세금경감 정책은 백성들의 삶에 대한 끊임없는 염려에서 나온 것으로, 그 구체적인 청사진은 십일조 세법 즉 세율을 수확량의 십분의 일로 한다는 것이다.

> 애공이 유약에게 "기근이 든 해에 비용이 모자라면, 어떻게 하면 좋겠소?"라고 묻자, 유약이 "어째서 십분의 일의 세법을 쓰지 않습니까?"라고 반문했다. 그러자 애공이 "십분의 이를 받아들여도 나는 부족하다고 생각하는데, 어떻게 십분의 일의 세법을 쓰겠소?"라고 하자, 유약이 "백성이 풍족하다면, 어떤 군주가 부족하겠습니까? 백성이 부족하다면, 어떤 군주가 풍족하겠습니까?"라고 했다.19)

진일보하여 공자는 이상적인 조세수입은 경작지에서만 거둬들이는 토지세뿐이라고 생각했다. 즉 토지 수확량의 십분의 일을 징수하는 것이 가장 이상적인 징세방법이라고 여겼던 것이다. 반대로

---

19) 『論語』, 「顔淵」, "哀公問於有若曰: 年饑, 用不足, 如之何? 有若對曰: 盍徹乎? 曰: 二, 吾猶不足, 如之何其徹也? 對曰: 百姓足, 君孰與不足? 百姓不足, 君孰與足?"

공자는 공납방식의 징세시스템에 대해서는 반대를 했다. 공자는 십일조 세법은 정당한 것이라고 여긴 반면 공납방식의 징세는 백성들을 더욱 심하게 수탈하는 것이라고 여겨 반대를 했던 것이다.

부역문제에 관하여 공자는 부역을 가볍게 하는 것이 소규모의 토지를 소유한 농민들의 이익을 고려하는 방책이라고 생각했다. 공자는 일반 백성들 사이에서 생활한 시간이 비교적 많았기 때문에 소작농과 일반 농민들의 고통을 직접적으로 체험할 수 있었다. 그렇기 때문에 공자는 백성들에게 도움이 되지 않는 사안에 대해서는 주장을 한 적이 없었던 것이다. 그러므로 공자의 부역을 경감시키자는 주장은 신흥지주들의 이익을 대표하는 주장임과 동시에 일반 백성들의 요구를 반영한 것이라고 할 수 있으며, 이는 그가 주장했던 "쓰임을 절약 하고 백성을 사랑하여야 하며, 백성을 부리는 데는 반드시 때에 맞게 하여야 한다."는 것 등등과 동일한 문제를 설명하는 것이라고 할 수 있는 것이다.[20] 또한 공자는 조세에 대하여 세수의 근원을 튼튼히 할 것을 강조하며, 연못을 말려서 물고기를 모두 잡는 것과 같은 우를 범하지 말 것을 주장한다. 공자는 세수의 근원을 유지 강화시키는 것이 매우 중요한 의미를 가지고 있는 것에 대하여 정확하게 인식하고 있었다. 이러한 공자의 조세관념에 대하여 호기창胡寄窗과 같은 경우 "공자는 생산관점에서 조세문제를 이해해 나갔는데, 이는 재정사상에 있어서 일종의 탁견이라고 할 수 있다. 공자의 재정과 경제에 대한 인식은 매우 정확한 것이다."[21]라고

---

20) 錢公博, 『經濟思想論集』, 臺北, 學生書局, 1975년, 27쪽 참조.

21) 胡寄窗, 『中國經濟思想史』, 上海, 上海人民出版社, 1983년, 99쪽 참조.

평가하고 있다.

이상과 같이 공자는 국가재정에 관하여 쓰임을 절약하는 것과 백성들을 사랑해야 한다는 기본적인 전제하에 세금부과를 가볍게 하고 부역을 경감시켜야 한다고 주장했던 것이다.

3. 생산론

공자는 백성들에게 대하여 유리한 일이라면 해야 한다고 생각하여 "백성들에게 이로운 것을 근거로 하여 그들을 이롭게 해준다."고 하는 주장을 했던 것이다. 여기에서의 '이로움'이란 전적으로 물질적 생산에 관련 된 것만을 지칭하는 것은 아니기 때문에 '백성들에게 이로운 것'은 당연히 생산 작업의 범위에 포함시킬 수 없는 것이다. 공자는 "하늘이 무슨 말씀 있으시더냐? 사철이 돌아가고 있고 만물이 자라고 있지만, 하늘이 무슨 말씀을 하시더냐?"[22]라고 언급한 바와 같이 재화의 생산은 자연의 작용에 의거해야 한다고 생각했다. 하늘은 일체의 자연적인 역량을 광범위하게 대표하는 것으로, 만물을 생산하는 근원이 되는 것이다. 자연의 힘은 그 작용이 이미 인간의 역량을 초월하는 것이기 때문에 '백성들에게 이로운 것'은 이러한 자연의 추세에 순응하여 따른 다는 것이다.

번지가 농사짓는 법을 가르쳐 달라고 요청하자, 공자가 "나는 늙은

---

22) 『論語』, 「陽貨」, "天何言哉? 四時行焉, 百物生焉, 天何言哉?"

> 농부만 못하다."고 하였다. 다시 채소밭 가꾸는 법을 가르쳐 달라고 요청하자, "나는 늙은 채소 농사꾼만 못하다."고 하였다. 번지가 나가자, 공자가 "소인이로다, 번수는! 윗사람이 예를 좋아하면 백성들은 감히 경건하지 않을 수가 없게 되고, 윗사람이 의로움을 좋아하면 백성들은 감히 복종하지 않을 수가 없게 되며, 윗사람이 신의를 좋아하면 백성들은 성실히 행동하지 않을 수가 없게 된다. 이렇게만 되면 곧 사방의 백성들이 제 자식을 포대기에 싸 업고 모여들 것인데, 농사짓는 법을 어디에 쓰겠느냐?"[23]

공자는 유가의 문도나 선비가 직접적인 생산 작업에 참여하는 것에 대하여 결코 찬성하지 않았음을 그와 번지樊遲의 대화에서 이러한 관점에 대하여 분명하게 알 수 있다. 공자는 통치자가 '예禮'와 '의義' 및 '신뢰信'에 대해서만 신경을 써도 사방의 백성들을 불러 모아 생산 작업에 참여시킬 수 있다고 생각하여 통치자 자신이 직접 노동에 참여할 필요가 없을 뿐만 아니라 생산 작업에 관련 된 지식을 축적할 필요가 없다고 했다. 즉 그는 유가 문도의 직책은 통치자들의 행정관리 업무에만 한정되는 것이라고 생각했던 것이다. 공자는 노나라의 대부인 장문중臧文仲이 세 가지 '불인不仁'한 일을 했다고 비판 했는데, 그 가운데의 하나가 바로 집안의 여자에게 자리를 짜게 하여 백성들과 이익을 다툰 것이다.[24] 이와 같이 볼 수

23) 『論語』, 「子路」, "樊遲請學稼, 子日: 吾不如老農. 請學為圃, 日: 吾不如老圃. 樊遲出, 子日: 小人哉, 樊須也! 上好禮, 則民莫敢不敬; 上好義, 則民莫敢不服; 上好信, 則民莫敢不用情. 夫如是, 則四方之民, 襁負其子而至矣, 焉用稼?"

24) 『春秋左傳』, 「文公二年」, "臧文仲其不仁者三, 不知者三. 下展禽, 廢六關, 妾織蒲, 三不仁也."

있듯이 공자는 유가의 문도가 공예 작업에 종사하는 것에 대하여 반대했을 뿐만 아니라 그의 집사람이 공예품 생산에 종사하는 것까지 못하게 했던 것이다.

사실 공자는 모든 생산 활동에 대하여 반대한 것은 아니고, 유가의 문도나 선비 계층이 생산 활동에 직접 참여하는 것을 반대했던 것이다. 유가의 문도나 선비 계층이 생산 활동에 참여하지 않고도 생계가 가능했던 것은 먼저 농민들이 더욱 효과적으로 생산 활동에 종사할 수 있는 여건을 만들어 줬기 때문이다. 군자는 다만 '예'를 좋아하고 '의'를 좋아하며 '신뢰'를 좋아하기만 하면 사방의 백성들이 제 자식을 포대기에 싸 업고 몰려들어 군자를 위하여 곡식과 채소를 생산하게 된다는 것이다.

> 군자는 도를 추구하지 먹을 것을 추구하지 않는다. 농사를 지어도 굶주림이 그 가운데 있지만, 공부를 하면 녹봉이 그 가운데 있게 된다. 군자는 도를 걱정하지 가난을 걱정하지 않는다.[25)]

공자는 비록 유가의 문도나 관직에 있는 사람이 직접적으로 생산 활동에 참가하는 것을 반대했지만, 적극적으로 그들이 생계를 도모할 수 있는 길은 열어 놓았다. 공자는 군자가 인륜의 도리를 추구하는 가운데 봉록을 취득할 수 있다고 했다. 즉 비록 경작을 통하여 식량을 얻을 수는 있지만, 이는 흉년이 들었을 때는 기근을 면하기

25)『論語』,「衛靈公」, "君子謀道不謀食. 耕也, 餒在其中矣; 學也, 祿在其中矣. 君子憂道不憂貧."

어려운 반면, 학문연마에 힘써서 덕성을 쌓게 되면 녹봉과 관직이 자연히 따라오게 된다고 하는 것이다. 또한 군자는 마땅히 '도道'에 가까워 지지 못함을 근심해야지 생활상의 빈곤을 걱정해서는 안 된다는 것이다. 아울러 학문연마에만 몰두하여 정치적인 입지를 확보하게 되면 현재의 궁핍함은 몇 십배 혹은 몇 백배의 봉록으로 보상받게 될 수 있게 된다는 것이다. 이와 같이 '도'를 추구하는 것과 먹을 것을 추구하는 것을 비교하면 당연히 '도'를 추구하는 것이 직접적인 경작에 종사하는 것 보다 좀 더 낫다는 것이다. 이러한 주장은 이후 지식인들에게 광범위하게 유행되는 "책 속에 황금이 있다."라고 하는 관념의 경전적인 근거가 된다.[26)]

여홍뇌黎紅雷와 같은 경우 이천여 년 전에 공자가 앞서 인용한 문장에서 언급한 내용 가운데에서 군자의 정신적 노동에 관한 관념이 있다는 사실을 제기한다. 이러한 정신노동과 육체노동은 사회적 분업의 초보적 단계로서, 이는 관리를 하는 계층과 관리를 받는 계층이 출현하기 시작했음을 의미한다고 했다. 공자는 관리자가 반드시 마음을 쓰는 사람이라는 사실을 매우 강조하며, 관리자의 정신적 노동 및 그 성과가 사회의 발전에 지대한 작용을 한다는 점을 긍정했다. 이러한 사실은 공자가 관리를 사회적 분업의 각도에서 조망한 것으로 관리의 본질에 대한 정확한 이해를 수반한 것이라고 할 수 있는 것이다.[27)]

공자의 생산론에 대하여 분석할 때, 그가 주장한 "백성을 부리는

26) 胡寄窗, 『中國經濟思想史』, 上海, 上海人民出版社, 1983년, 90쪽 참조.
27) 黎紅雷, 『現代管理與儒家智慧』, 臺北, 天地圖書有限公司, 1992년, 16쪽 참조.

데는 반드시 때에 맞게 하여야 한다."[28]와 "산림과 호수자원의 독점을 폐지한다."[29] 등이 있는데, 이러한 주장은 당시의 현실문제와 매우 밀접한 관련이 있었다고 할 수 있다. "백성을 부리는 데는 반드시 때에 맞게 하여야 한다."는 말은 통치자가 백성들을 노역에 동원할 때, 농사철을 피하여 노역에 동원시키라는 것으로 이러한 국가적 노역이 농업생산에 영향을 끼쳐서는 안 된다는 의미이다. 고대사회에서 농업은 국가산업에 있어서 매우 중요한 요소로 자리매김했는데, 이는 농업생산의 좋고 나쁨이 모든 백성들의 삶에 직접적으로 영향을 미쳤기 때문이며 아울러 통치자의 정치적 입지의 구축에도 결정적인 영향을 끼쳤기 때문이다.

중국은 매우 오래전부터 천문관측과 농업생산의 관계에 대하여 많은 관심과 함께 연구 작업을 병행해 왔다. 적정한 시기에 경작을 하기 위해서 통치자는 반드시 농사지을 시기에 대하여 정확하게 파악을 해야만 했다. 그래서 주나라 천자는 매년 가을과 겨울 사이에 반드시 다음해의 달력을 만들어서 그것을 여러 제후들에게 하사했는데, 이를 '반곡삭頒告朔'이라고 했다.[30] 이러한 제도는 통치자가 농사지을 시기에 대하여 극도로 중시했다는 사실을 반증하는 것이기도 하다. 공전公田제도의 폐지로 인하여 전체적인 농업생산 과정은 농민들 스스로에 의해서 진행되어 버리게 된다. 후대에 이르러 '곡삭'제도는 농사지을 시기를 파악한다고 하는 의미가 퇴색되어지는데, 심지어는 자공子貢도 '곡삭'의 '예禮' 가운데 희생을 올리는 의

28) 『論語』, 「學而」, "使民以時."

29) 『孔子家語』, 「五儀解」, "廢山澤之禁."

30) 朱家楨, 『中國經濟思想史論』, 北京, 人民出版社, 1985년, 215쪽 참조.

식을 폐지하려고 했던 것이 그 대표적인 예라고 하겠다.[31] 통치자가 농업생산 과정에서 멀어지면 멀어질수록 농사지을 시기에 대한 관념 역시 갈수록 옅어지게 되어 결국 통치자는 농사지을 시기를 침탈하여 백성들을 노역에 동원시키는 일이 점차 증가하게 된다.

생산력의 증가와 상품경제의 발전에 따라서 통치자의 물질적 향유에 대한 요구가 대대적으로 증가하게 되어, 그들은 끊임없이 사치스러운 생활을 추구하며 지속적으로 토목공사를 벌린다. 이로 인하여 대다수의 농민들이 토목공사에 노역을 하게 되는 신세로 전락한다. 동시에 빈번하게 발생하게 되는 전쟁으로 인하여 수많은 농민들이 징병되거나 축성공사나 보수공사 등에 동원되는 지경에 처하게 된다. 이와 같이 농사지을 시기를 놓치게 되어 결국은 농업생산은 정상적인 수확을 못하게 되는 상황이 조성된다.

이상과 같이 볼 때 공자의 "백성을 부리는 데는 반드시 때에 맞게 하여야 한다."는 관념은 현실경제에 존재하는 문제를 해결하기 위한 것이었다고 할 수 있는 것이다.

> 우임금에 대해서는 내가 비난할 것이 없다. 먹는 음식은 형편없으면서도 귀신에게는 정성을 다하였고, 입는 옷은 허름하면서도 제사복은 아름답게 하였고, 궁실은 허술하게 하면서도 봇도랑은 힘을 다하여 잘 냈다. 우임금에 대해서는 내가 비난할 것이 없다.[32]

31) 『論語』, 「八佾」, "子貢欲去告朔之餼羊."

32) 『論語』, 「泰伯」, "禹, 吾無間然矣. 菲飮食, 而致孝乎鬼神; 惡衣服, 而致美乎黻冕; 卑宮室, 而盡力乎溝洫. 禹, 吾無間然矣."

공자는 우禹임금의 정신을 높이 찬양했는데, 그것은 통치자가 검소하고 절약하는 자세를 몸소 실천한 것에 대한 찬양이었으며, 또한 이를 통하여 현실 속에서의 통치자들에 대한 계도적인 의미로서의 작용도 기대했던 것으로 보인다. 공자는 농민들의 농사지을 시기를 피해서 노역에 동원해야 한다고 했는데, 이는 통치자의 사치스러운 풍조를 개조시키기 위함에 그 주된 목적이 있다고 할 수 있다. 또한 공자는 "백성을 부릴 때에는 큰 제사를 받들 듯이 해야 한다."[33]고 했는데, 이는 그가 통치자들이 백성들을 노역에 동원시킬 때에는 매우 신중하게 해야 한다는 것을 강조한 것이라고 할 수 있는 것이다.

"산림과 호수자원의 독점을 폐지한다."는 말은 주의할만한 경제사상이라고 할 수 있는데, 이는 일종의 통치자의 경제적 이익의 독점에 대한 타파를 통하여 백성들에게 이로운 경제정책을 펴라는 의미라고 할 수 있다. 이와 같은 공자의 산림과 호수자원의 개방정책은 재화의 생산에 있어서 국가의 어떠한 간섭도 배제하여 백성들 스스로가 자신들에게 유리한 방향으로 경영할 수 있도록 만들어 그 가운데서 이익을 얻을 수 있도록 해야 한다는 의미와 한편으로는 통치자가 백성들과 이익을 다투는 것에 대하여 반대를 한다고 하는 입장을 담고 있는 것이라고 할 수 있는 것이다. 그렇기 때문에 공자는 노나라 대부인 장문중이 백성들과 이익을 다퉜다고 해서 불인한 사람이라고 비난했던 것이다. 이와 같이 공자는 통치자가 백성들과 이익을 다퉈서는 안 된다고 하였으며, 또한 통치자가 자신의 이익

33) 『論語』, 「顔淵」, "使民如承大祭."

을 위해서 사업을 경영해서도 안 된다는 사실을 분명하게 천명했던 것이다.

4. 분배와 소비·상품유통론

공자는 모든 일에 대하여 그것을 처리할 때는 반드시 백성들의 이익을 우선적으로 전제해야 한다고 하였다. 공자는 모든 백성들이 재화를 추구하기 위하여 노력하게 된다면 재화를 얻거나 잃는 것에 의해서 원한이 발생할 수 있게 된다고 보았으나, 빈곤 역시 원한의 조성에서 자유스러울 수 없는 것이라고 하였다. 호기창胡寄窗과 같은 경우 공자가 군자는 가난함을 편안하게 여기고 '도道'를 즐길 수 있는 반면 소인은 재화의 이익만을 추구하는 사람이라고 여겼다고 보고 있다.[34) 이는 빈곤해도 원망하지 않는 것은 소인에 대하여 매우 어려운 과제임이 틀림없다는 사실을 반증하는 것이라고 할 수 있다.

> 내가 듣건대 국가를 다스리는 사람은 백성이 적음은 걱정하지 않고 고르지 않음을 걱정하며, 가난함은 걱정하지 않고 편안치 않음을 걱정한다 하였다. 고르게 되면 가난이 없어지고, 화락하면 백성이 적지 않게 되고, 편안하면 나라가 기울어지는 일이 없는 것이다.[35)

동중서董仲舒의 『춘추번로春秋繁露』에는 공자의 "백성이 적음을

34) 胡寄窗, 『中國經濟思想史』, 上海, 上海人民出版社, 1983년, 91쪽 참조.
35) 『論語』, 「季氏」, "丘也聞有國有家者, 不患寡而患不均, 不患貧而患不安. 蓋均無貧, 和無寡, 安無傾."

걱정하지 않고 고르지 않음을 걱정한다."를 계승하여 발전시킨 "백성이 빈곤함을 걱정하지 않고 고르지 않음을 걱정한다."라는 언급이 보인다. 유월俞樾같은 경우 『군경평의群經評議』에서 공자의 "백성이 적음을 걱정하지 않고 고르지 않음을 걱정한다."고 하는 언급 가운데 "적음"을 "빈곤함"으로 봐야 한다고 생각했는데, 이는 "빈곤함"과 "고름"은 재화에 대한 언급이기 때문이라고 보았기 때문이다.[36)]

호기창은 공자의 언급이 결코 부자들의 재화를 빼앗아 빈곤한 이들을 구제하자고 한 것은 아니라는 점을 분명하게 밝혔다.[37)] 사실상 공자는 사회적으로 빈부의 격차가 나는 즉 빈부의 불균형 현상에 대하여 결코 찬성하지 않았었다. 공자와 염유冉有 등을 포함한 제자들이 위나라에 갔을 때, 많은 사람들이 거리에 왕래하는 모습을 보고 공자가 위나라의 인구가 많음을 감탄하면서 염유의 질문에 대답할 때, 공자는 인구가 많은 상황 속에서 진일보하여 모든 백성들을 부유하게 만들어야 한다고 했다. 이러한 생각은 백성들의 보편적인 소망으로 일부 특정한 사람들에 대해서만 한정되는 것이 아닌 모든 사람들에 대한 것이라고 할 수 있다. 바로 이러한 점에서 공자의 균등한 재화 분배의 관념을 찾아 볼 수 있는 것이다. 비록 공자가 부자들의 재화를 빈곤한 사람들의 구제에 사용하자는 주장을 하지는 않았지만, 실질적으로는 그가 주장한 재화의 균등한 분배는 모든 백성들을 다 같이 잘살게 하려는 소망으로 이는 곧 부자들의 재화를 빈곤한 사람들의 구제에 사용하자는 의미가 된다고 할

36) 侯家駒, 『先秦儒家自由經濟思想』, 臺北, 聯經出版事業公司, 1985년, 47쪽 참조.
37) 胡寄窗, 『中國經濟思想史』, 上海, 上海人民出版社, 1983년, 92쪽 참조.

수 있는 것이다.

공자의 소비관은 두 가지 측면으로 개괄할 수 있는데, 총체적인 원칙은 충분함을 아는 것이며 구체적인 소비의 표준은 "검소함은 예에 위배되지 않고, 쓰임은 의를 상하지 않게 한다."는 것에 있다.[38] 충분함을 아는 것은 공자의 사상 가운데 매우 중요한 내용 중의 하나로, 행위의 각 방면에 모두 이러한 원칙이 규범이 되는 것이기 때문에 당연히 소비에도 반영 되는 것이다. 충분함을 아는 것과 "검소함은 '예禮'에 위배되지 않음" 및 "쓰임은 '의義'를 상하지 않게 함"은 모두 봉건제도 가운데의 특권계층의 소비행태에 대한 것을 지칭하는 것이라고 할 수 있다. 그러나 농민에 대해서도 충분함을 아는 것은 적용될 수 있는데, 공자와 같은 경우 충분함을 안다는 것으로 농민들에게 안빈낙도를 요구한 것이 그러한 예가 될 수 있다. "검소함은 '예禮'에 위배되지 않음"와 "쓰임은 '의義'를 상하지 않게 함"이라고 하는 언급은 수많은 농민들에 대해서 설득력을 가지기는 확실히 힘들다고 할 수 있다. 수많은 농민들에게 있어서, 그들이 안고 있는 심각한 문제는 검소하거나 검소하지 않은지의 문제나 혹은 검소함이 '예禮'에 위배되는지 여부의 문제가 아니고 또한 쓰임이 '의義'를 상하게 하는 지 여부의 문제가 아니고, 어떻게 생활을 유지할 것인가의 문제 즉 생계유지의 문제가 그들이 안고 있는 진정한 문제였던 것이다.

공자가 위나라 공자 형에 대하여 평했다. 그는 "집안 살림을 잘했다.

38) 杜國庠, 『先秦諸子思想概要』, 北京, 三聯書店, 1955년, 13쪽 참조.

부유해지기 시작하자, 정말 쓸 만큼 모였다라고 하였고, 약간 부유하게 되자, 정말 다 갖추었다라고 하였고, 아주 부유하게 되자, 정말 아름답게 되었다라고 하였다."[39]

공자는 위나라 공자公子 형荊이 충분함을 아는 미덕을 갖추고 있다고 칭찬했다. 위의 인용문에서 볼 수 있는 "정말 쓸 만큼 모임" · "정말 다 갖춤" · "정말 아름답게 됨"은 비록 다른 생활수준을 반영하고는 있으나, 이러한 다른 생활수준에 대하여 모두 만족할 수 있다는 느낌은 공통적인 것이라는 것이다. 공자는 통치자가 다른 등급을 근거로 각기 다른 생활수준에 만족을 줄 수 있다면, 이러한 정책은 사회의 안정과 정권의 유지에 도움이 될 것이라고 생각했다.[40] 또한 공자는 소비의 표준은 검소함을 숭상하는 것이라고 했는데, 이러한 검소함에는 일정한 한계가 있었다.

사치스러우면 불손해지고, 검약하면 고루해지는데, 불손하기보다는 차라리 고루한 것이 낫다.[41]

만약 주공과 같은 아름다운 재능을 지녔다 해도 교만하고 인색하다면, 그 나머지는 더 볼 것이 없다.[42]

---

39) 『論語』, 「子路」, "子謂衛公子荊; 善居室. 始有, 日: 苟合矣. 少有, 日: 苟完矣. 富有, 日: 苟美矣."

40) 陳紹聞, 『中國經濟思想簡史』, 上海, 上海人民出版社, 1978년, 47쪽 참조.

41) 『論語』, 「述而」, "奢則不孫, 儉則固. 與其不孫也, 寧固."

42) 『論語』, 「泰伯」, "如有周公之才之美, 使驕且吝, 其餘不足觀也已."

공자는 한 개인이 지나치게 사치와 낭비를 하게 되면 오만 불손한 사람으로 변하게 된다고 하는 한편 지나치게 검소하고 절약을 하게 되면 완고해진다고 했다. 그러나 검소함에는 일정한 한계가 있는데, 만일 검소함이 옹색한 정도에 이르면 이는 취할 만한 것이 못 된다고 공자는 주장했다. 공자는 비록 안영晏嬰의 치적을 높이 평가했지만 그의 과도한 검소함과 절약에 대해서는 비판을 했다. 안영은 제나라의 재상으로 있으면서도 조상에게 제사지낼 때 쓰는 고기를 극소량만을 사용했으며, 여우털 외투 한 벌을 삼십 년이나 입었었다. 또한 『논어』의 "자공이 곡삭 제사에 바치던 희생양 전통을 없애려 하자, 공자가 '사야! 너는 그 양을 아끼나, 나는 그 예를 아끼고자 한다.'라고 말했다."[43]에서와 같이 볼 수 있듯이, 공자의 검소함에 대한 진정한 의도는 검소할 때는 검소해야 하고, 검소해야 하지 않을 때는 검소하지 않는다고 하는 것에 있었다. 즉 중요한 제례의식에 사용되는 희생양을 절약하기 위해서 희생양을 바치는 전통을 없애려는 기도는 공자의 입장에서 보았을 때 경비절감을 위해서 '예'를 폐지하자는 의미로 비춰졌을 것이기에 공자는 결연히 반대를 했던 것이다.

공자의 소비관념은 통치자에 대해서는 충분함을 안다는 것이 꼭 가난함을 편하게 여긴다는 것은 아니고, 등급에 맞는 현실적인 생활수준을 허가해야 한다고 했던 것이라고 할 수 있다.[44] 호기창과 같은 경우 "가난함을 편안하게 여김"이나 "검소함은 예에 위배되지

43) 『論語』, 「八佾」, "子貢欲去告朔之餼羊. 子曰: 賜也! 爾愛其羊, 我愛其禮."
44) 舒大剛, 『孔子的智慧』, 延吉, 延邊大學出版社, 1995년, 89쪽 참조.

않음" 및 "쓰임은 의를 상하지 않게 함" 등등은 모두 소비측면의 계층 간의 차별을 나타내는 것으로 다른 계급의 사람들은 각기 서로 다른 소비정도가 있다는 것이라고 생각했다.[45]

이상과 같은 공자의 소비관념은 절약해서 쓴다고 하는 소비관으로, 공자는 소비를 사회 계층의 등급에 따라 구분하여, 서로 다른 계층의 사람들 간에 각자가 소유한 재화의 상황이 다르기 때문에 그들의 소비생활수준 역시 당연하게 다를 수밖에 없다는 것을 인정한 것에 그 핵심이 담겨져 있는 것이라고 할 수 있다.

공자는 상품의 유통에 대하여 가격이 낮을 때 매입하였다가 가격이 높을 때 팔아야 하는 것이 상업의 도리라고 주장하였다. 공자는 제자인 자공을 칭찬하여 "사는 조정의 명령을 받아들이지 않았으나, 재산을 불리었고, 그의 예측은 여러 번 적중하였다."[46]라고 말했는데, 여기에서 말하는 자공은 비록 조정에서 임명하는 관직을 받아들이지는 않았으나, 재화를 불리는 것에는 탁월하였으며 매번 물가의 변동을 정확하게 예측하여 커다란 이윤을 남겼다. 이처럼 공자가 자신이 가장 아끼고 신뢰하는 제자였던 안회와 함께 자공을 언급한 것으로 볼 때 공자는 유가의 문도가 상업에 종사하는 것을 반대한 것 같지는 않다고 여겨진다.[47]

공자는 장문중臧文仲이 세 가지 '불인不仁'한 일을 했다고 비난하는데, 그 가운데 두 번째 '불인'한 일이 '육관의 설치'였는데[48], 이것

45) 胡寄窗, 『中國經濟思想史』, 上海, 上海人民出版社, 1983년, 95쪽 참조.

46) 『論語』, 「先進」, "賜不受命, 而貨殖焉, 億則屢中."

47) 胡寄窗, 『中國經濟思想史』, 上海, 上海人民出版社, 1983년, 90쪽 참조.

48) 『春秋左傳』, 「文公二年」, "廢六關."이라고 기록되어져 있으나, 楊伯俊은 『孔

은 장문중이 노나라의 여섯 곳에 관문을 설치하여 상인들의 무역에 막대한 지장을 주었음으로 '불인'하다는 비난을 공자로부터 받은 것이다. 자공은 공자에게 자신이 소장한 품질이 뛰어난 옥이 있는데 그것의 가격이 이미 많이 상승하여 계속 보관해야 할지 팔아야 할지에 대하여 묻자, 공자는 "팔아야지! 팔아야지! 나는 좋은 값을 쳐줄 상인을 기다리는 사람이다."[49]라고 말했다. 이처럼 공자는 품질이 뛰어난 옥을 고가에 팔아서 이익을 도모하고자 했으며,[50] 자신 역시 좋은 상품을 알아봐주는 상인(현명한 군주)에게 자신을 팔려고 기다리고 있다는 것을 표시했던 것이다. 이와 같이 볼 수 있듯이 공자는 때때로 자신을 상품으로 비유하기도 했었는데, 이렇기 때문에 현대의 사람들 대부분은 공자가 자유무역에 대하여 찬성했거나 적어도 반대는 하지 않았다고 여기는 것이다. 이러한 공자의 상업에 관한 입장에 대하여 섭룡葉龍같은 경우도 공자가 결코 상업행위에 대하여 반대하지 않았으며, 또한 상업을 가볍게 취급하지도 않았다고 하는 주장을 한다.[51] 또한 위나라 문공의 상품의 유통과 공인에 대한 우대정책에 대하여 공자는 찬성의 뜻을 보이고, 진일보하여 공자는 자유로운 통상을 보장하기 위해서 상품을 유통시켜야 한다고 하는 취지의 관문과 시장에서 통관세와 자릿세를 징수하지 말라는 주장을 했던 것이다.

子家語』에 "置六關"으로 나온 것을 근거로 하여 "置六關"이 공자의 원의에 부합한다고 했다.

49) 『論語』, 「子罕」, "沽之哉! 沽之哉! 我待賈者也."

50) 錢穆, 『論語要略』, 臺北, 臺灣商務印書館, 1987년, 47쪽 참조.

51) 葉龍, 『歷代人物經濟故事』, 香港, 壹出版有限公司, 1996년, 18~19쪽 참조.

서양과 동양의 구분 없이 수많은 고대의 사상가들은 모두가 상업에 대하여 천시하는 경향을 가지고 있었다고 할 수 있다. 『논어』 속에서 우리들은 공자가 유가의 문도들이 상업에 참여하는 것에 대하여 반대의 목소리를 낸 흔적을 찾아볼 수는 없을 것이다.[52] 이러한 현상은 춘추시대 후기에 이미 상업이 어느 정도 발전을 이룩하고 있으며, 재벌과 거상들이 직접적으로 생산 활동에 참여하지 않았기 때문일 것이라고 추측되어진다. 또한 이러한 점은 유가의 문도 계층과 매우 유사한 경향을 띄고 있었을 것이라고 생각한다. 그리고 신흥상인들 가운데 많은 수의 상인들이 이미 지식인 계층에 편입되는 등의 이유들 때문에 공자가 상업을 천시하지 않은 것이라고 판단한다.

공자는 자공의 상업 활동에 대하여 폄하하지 않았으며, 공자 자신 역시 상업 활동에 대하여 어떠한 형태의 부정적인 언급을 하지 않았다고 할 수 있다. 이러한 공자의 상업관은 당시의 실제적인 상황에서 볼 때 제대로 파악될 수 있다고 판단되어지는데, 즉 당시의 통치자들이 재벌이나 거상들에 대하여 예우를 했기 때문에 공자 역시 자공을 폄하시킬 이유가 없었다는 것이다. 또한 자공은 공자의 제자들 가운데 공자에게 재정적으로 많은 후원을 했었기 때문에 상업 활동에 대하여 경시하는 태도를 갖지 않았던 것이라고 생각된다.

이상과 같이 볼 때, 공자가 위나라 수도에 들어가면서 "백성이 번성하구나!"라고 한 탄성은 바로 공자의 상품유통을 통한 경제적 번

52) 李劍農, 『先秦兩漢經濟史稿』, 北京, 中華書局, 1962년, 72쪽 참조.

영에 대한 부러움에 찬 탄성임과 동시에 상업 활동을 긍정적으로 바라본 그의 태도를 보여주는 일면이라고 할 수 있다.

5. 맺는 말

이상과 같이 공자의 경제사상에 대하여 경영관리론과 생산론 및 분배와 소비 · 상품 유통론을 중심으로 살펴보았는데, 이를 정리하면 다음과 같다.

공자는 통치자가 백성들의 신뢰를 얻기 위해서는 반드시 백성들의 식량을 풍족하게 만들어줘야 한다고 했으며, 백성들이 풍부한 재화를 소유할 수 있게 정책을 시행해야 한다고 역설했다. 또한 그는 이러한 백성들의 재화는 범국가적 차원에서 본다면 매우 중요한 지위를 점하고는 있지만 적어도 윤리적 표준과 평행을 이뤄야 한다고 했다. 또한 공자의 국가경영에 있어서 재정에 관한 사항은 과도한 징세에 대한 반대와 절용의 제창과 합리적인 조세의 부과에 그 기본 사상이 담겨져 있다고 할 수 있다. 공자는 지출을 최대한 억제하고 절약할 것을 역설하고 있는데, 국가는 물론이거니와 개인도 마찬가지로 반드시 절약하는 생활을 해야 한다고 했다. 아울러서 공자는 정부가 백성들에게 중과세를 부과하는 것에 대하여 결연히 반대를 하고 오히려 백성들의 세금을 경감시켜 줄 것을 주장한다.

공자는 군자의 정신적 노동에 관한 관념을 제기하는데, 이러한 정신노동과 육체노동은 사회적 분업의 초보적 단계로서, 이는 관리를 하는 계층과 관리를 받는 계층이 출현하기 시작했음을 의미한다. 공자는 관리자가 반드시 마음을 쓰는 사람이라는 사실을 매우 강조하며, 관리자의 정신적 노동 및 그 성과가 사회의 발전에 지대한 작용을 한다는 점을 긍정했다. 이러한 사실은 공자가 관리를 사회적 분업의 각도에서 조망한 것으로 관리의 본질에 대한 정확한 이해를 수반한 것이라고 할 수 있는 것이다.

공자는 농민들의 농사지을 시기를 피해서 노역에 동원해야 한다고 했는데, 이는 통치자의 사치스러운 풍조를 개조시키기 위함에 그 주된 목적이 있다고 할 수 있다. 또한 공자는 통치자들이 백성들을 노역에 동원시킬 때에는 매우 신중하게 해야 한다고 강조했다. 아울러서 "산림과 호수자원의 독점을 폐지한다."는 말은 통치자의 경제적 이익의 독점에 대한 타파를 통하여 백성들에게 이로운 경제 정책을 펴라는 의미라고 할 수 있다.

공자가 부자들의 재화를 빈곤한 사람들의 구제에 사용하자는 주장을 하지는 않았지만, 실질적으로는 그가 주장한 재화의 균등한 분배는 모든 백성들이 다 같이 잘살게 하려는 소망으로 이는 곧 부자들의 재화를 빈곤한 사람들의 구제에 사용하자는 의미가 된다고 할 수 있는 것이다.

공자는 한 개인이 지나치게 사치와 낭비를 하게 되면 오만 불손한 사람으로 변하게 된다고 하는 한편 지나치게 검소하고 절약을 하게 되면 완고해진다고 했다. 그러나 검소함에는 일정한 한계가 있는데, 만일 검소함이 옹색한 정도에 이르면 이는 취할 만한 것이

못 된다고 공자는 주장했다. 즉 공자의 검소함에 대한 진정한 의도는 검소할 때는 검소해야 하고, 검소해야 하지 않을 때는 검소하지 않는다고 하는 것에 있었다. 공자의 소비관념은 절약해서 쓴다고 하는 소비관으로, 공자는 소비를 사회 계층의 등급에 따라 구분하여, 서로 다른 계층의 사람들 간에 각자가 소유한 재화의 상황이 다르기 때문에 그들의 소비생활수준 역시 당연하게 다를 수밖에 없다는 것을 인정한 것에 그 핵심이 담겨져 있는 것이라고 할 수 있다. 공자는 자공의 상업 활동을 포함한 상인들의 상업 활동에 대하여 폄하거나 부정적인 언급을 하지 않았는데, 이러한 공자의 상업관은 당시의 통치자들이 재벌이나 거상들에 대하여 예우를 했기 때문에 공자 역시 자공을 비롯한 상인들을 폄하시킬 이유가 없었던 것이다. 또한 자공은 공자의 제자들 가운데 공자에게 재정적으로 많은 후원을 했었기 때문에 더욱 더 상업 활동에 대해서는 경시하는 태도를 갖지 않았던 것이라고 생각된다.

참고문헌

黃　侃, 『論語義疏』, 『皇清經解』 本.

朱　熹, 『論語集注』, 『海淵閣』 明刻本.

劉寶楠, 『論語正義』, 『續皇清經解』 本.

趙　汸, 『春秋左氏傳補注』, 『通志堂經解』 本.

楊伯峻, 『春秋左傳注』, 北京, 中華書局, 1996년.

錢　穆, 『論語要略』, 臺北, 臺灣商務印書館, 1987년.

詹智明, 『論語與經商藝術』, 香港, 漢湘文化出版社, 1997년.

舒大剛, 『孔子的智慧』, 延吉, 延邊大學出版社, 1995년.

杜國庠, 『先秦諸子思想概要』, 北京, 三聯書店, 1955년.

唐慶增, 『中國經濟思想史論』, 北京, 人民出版社, 1985년.

李劍農, 『先秦兩漢經濟史稿』, 北京, 中華書局, 1962년.

侯家駒, 『先秦儒家自由經濟思想』, 臺北, 聯經出版事业公司, 1985년.

陳紹聞, 『中國經濟思想簡史』, 上海, 上海人民出版社, 1978년.

陳紹聞, 『中國古代經濟文選』, 上海, 上海人民出版社, 1983년.

胡寄窗, 『中國經濟思想史』, 上海, 上海人民出版社, 1983년.

葉龍, 『歷代人物經濟故事』, 香港, 壹出版有限公司, 1996년.

錢公博, 『經濟思想論集』, 臺北, 學生書局, 1975년.

黎紅雷, 『現代管理與儒家知慧』, 臺北, 天地圖書出版有限公司, 1992년.

林語堂, 『中國的智慧』, 臺北, 正中書局, 1994년.

제 6 장

정치론

1. 시작하는 말

유가의 예학禮學은 그 범주가 매우 광범위하다고 할 수 있다. 사마천 같은 경우 일찍이 "여러 세대에 걸쳐 배워도 그 학문에 통달할 수 없으며, 평생을 바쳐 예학 한 가지에만 매달린다 할지라도 다 연구할 수 없다."[1]고 한탄한 바 있다. 『논어』에 기록되어 있는 공자의 "예의 근본", "예의 실천", "예에 부합 한다", "예로 돌아간다." 등등의 언급들은 예법제도에 대한 주장이라고 할 수 있으며, 『순자』, 『주관』, 『의례』, 『예기』 등의 예학 경전을 거쳐 예교禮教가 유가의 교화학설의 중심축으로 정착하게 된다. 전통적으로 인의충신仁義忠信 등의 윤리적 가치의 주장에 대해서는 '내성內聖'의 방법론으로 예학은 '외왕外王'의 학문으로 귀결시켜왔다. 또한 예교 활동은 반드시 인의仁義의 도道로 되돌아가게 되어, 마치 예교는 '내성'을 완성한 후에 '외왕'을 이해하는 과정 속에 그 일정한 지위가 있는 것처럼 보여지기도 한다.

이미 누적되어 있는 많은 문헌자료들과 학자들의 공자의 예학사상에 대한 연구는 대부분 공자의 예학이 당시의 예법제도의 학설과 차이가 있었으면서 그것들과 대립했던 것으로 파악하고 있다. 이렇듯 기존의 연구를 통하여 분명하게 드러난 공자의 예학사상을 다시 한 번 검토한 후에 그러한 것에 대하여 다른 각도에서 해석을 하여 체계적으로 분석해보고자 한다.

공자의 예학사상에 대한 연구 성과는 이미 그 수를 헤아리기 어

1) 『史記』, 「太史公自序」, "累世不能通其學, 當年不能究其禮"

려울 정도로 막대한 분량이 축적되어 있다고 할 수 있다. 이러한 상황 속에서 논자가 다시 공자의 예학에 대하여 논의를 진행하는 것이 무의미하게 생각될 수도 있을 것이다. 그러나 본문에서 논의하고자 하는 문제는 그동안 학계에서 비교적 연구를 소홀히 했던 측면인 예치禮治에 관한 재해석의 문제이다. 예치의 재해석 문제는 예의를 통해서 자기수양을 한 뒤에 나라를 통치한다고 하는 정형화 된 모습의 예치가 아닌 '외왕' 활동 가운데 찾아볼 수 있는 그 자체에 내재되어 있는 윤리적 개념으로서의 예치의 재해석에 관한 것이다.

2. 德治와 法治의 대립

정치제도에 관하여 언급을 할 때 일반적으로 유가는 예교를 중시하여 덕치德治를 주장하고, 상대적으로 법가는 포상과 처벌을 중시하여 법치를 주장한다고 하는 인상이 있다. 이러한 인상은 먼저 『논어』에서 언급한 도덕과 형벌의 관계를 통하여 증명해볼 수 있다.

> 공자가 백성들을 정령으로 인도하고 형벌로써 다스리면, 백성들은 형벌을 면하려만 할 뿐이요 부끄러움을 모르게 된다. 백성들을 덕으로 인도하고 예로써 다스리면, 백성들은 부끄러움이 있게 될 뿐만 아니라 바르게 된다고 말했다.[2]

2) 『論語』, 「爲政」, "子曰: 道之以政, 齊之以刑, 民免以無恥; 道之以德, 齊之以禮, 有恥且格."

이러한 인상과 구분은 언어표현과 과도한 견강부회의 문제에 기인한 것이라고 생각한다. '덕/법'의 대비적인 서술방식은 그동안 광범위하게 응용되어져 왔다고 할 수 있는데, 유가의 전적 및 그 외의 대부분의 고금의 문헌들 속에서 어렵지 않게 찾아볼 수 있다. 본문에서 지적 하고자는 하는 것은, 바로 이러한 대비적인 서술방식이 원래는 설명을 쉽게 이해할 수 있게 만들기 위한 방법으로 사용되었으나, 수차례의 변화를 거친 후에 형식적인 작용이 오히려 실질적인 의미보다 과도해진 경향이 발생했다. 이러한 해석 속에서 '예'와 '법'을 대립하는 두 개념으로 보아서 '예'와 '덕'의 개념을 연결한 후에 유가는 '민주 지향적, 내재적, 백성 지향적'으로 묘사되었으며, 법가는 '권위 지향적, 외재적, 통치자 지향적'으로 묘사되어 두 학파는 극단적으로 대립하는 모습으로 비춰지는데,[3] 유가는 거의 현대의 개인 자유주의에 가깝다고 할 수 있다.[4]

춘추시대의 사회계층의 이동은 기득권계층인 귀족들이 평민으로 전락하고 하층의 서민들이 신분상승을 하게 되어, 기득권계층의 최하계급인 사인士계층이 인구수에 있어서 대량으로 증가하게 되는 결과를 낳는다. 이렇게 지식을 구비한 사인士계층은 기존에 정착된 봉건제도의 신분제도 관계망에서 떨어져 나와 당시 계급사회에 변화를 유발시킨다. 이러한 것 외에 예악제도가 붕괴되는 한편 지배계층에 의해서 독점되었던 학문이 민간에게까지 전파되기에 이른다. 이러한 시대적 상황은 사인士계층이 문화사업의 전문가 집단으

3) 成中英,『知識與價値』, 臺北, 聯經出版事業公司, 1986년, 449쪽 참조.

4) 黃維幸,『法律與社會理論的批判』, 臺北, 時報文化事業公司, 1991년, 267쪽 참조.

로 대두되게 하는 양질의 토양을 조성한다. 이렇게 새로운 집단을 형성하게 된 사인계층은 각기 다른 이념과 시대정신을 만들어서, 서로가 천하의 질서유지를 위해서는 자신들의 학설이 가장 필요한 것이라고 경쟁적으로 유세를 한다.

유가학파 속에서의 사인계층이 견지하고 있던 핵심적인 정신은 인仁·예禮 등의 윤리 개념이었다. 유가와 법가는 모두 공통적으로 사회와 정치질서의 회복과 유지를 정치철학의 최종적인 목표로 삼았으나, 사회질서를 회복시키는 방법론상에 있어서는 근본적으로 입장을 달리했다. 즉 법가는 유가처럼 심성론에 기초한 도덕의 학문체계를 건립할 수 없었다.[5] 반면 유가에도 법치사상이 있다는 사실을 우리는 직시할 필요가 있다고 보는데, 향후 유가의 정치론에 대하여 논의를 전개해나갈 때 이점을 간과해서는 안될 것이다. 개인의 인성 문제에 있어서 그것을 바라보는 관점의 차이가 유가와 법가의 학설체계를 근본적으로 대립하게 만드는 것이다.

이러한 '덕치'와 '법치'에 대한 뒤섞임과 오판은 방법론상의 소홀함에 기인한다고 말할 수 있다. '법치'와 법규범에 대하여 분석을 할 때 우리는 '유효함'(validity)과 '효능'(efficacy)이라고 하는 관찰방법의 시각적 차이를 소홀히 해서는 안 된다. '유효함'은 실증법에 대하여 분석과 평가를 할 때, 논리적 분석과 법규범의 기본 개념에 치중하면서 법규범이 이미 외부의 권위자가 설립한 사실을 거쳤다는 것을 승인하여, 법률은 반드시 사회윤리와 서로 관련될 필요가 없다는 것이다. 그리고 '효능'은 법을 집행하는 사람과 일반인들에게 착안

5) 瞿同祖, 『中國法律與中國社會』, 臺北, 里仁, 1987년, 361쪽 참조.

하여 법규범의 실제적인 응용부분의 승인이나 응용과 준수에 대한 것으로, 법규범의 사회적인 측면과 심리적인 측면을 반드시 고려해야한다는 것이다.[6)]

선진유가의 법규범 준수에 대한 정도 및 법치정신의 태도를 정하는 문제를 처리하는 부분에 관하여, 만일 '유효함'이란 측면만을 검토한다면 실제행위와 윤리적인 사안의 합법성은 절차상의 정당성에 부합할 수 있는 것인가? 라고 하는 문제에 직면하게 된다. 법규범의 유효성에만 국한되면 장래에 발생할 수 있는 '법대로만 하면 유효하다'는 사실에 매몰되어 결국은 실제행위의 윤리적인 사안에 대하여 절차상의 정당성에 부합할 수 없는 결과를 초래 할 수 있다는 것이다.

서복관徐復觀은 "법가에서는 봉건제도의 '존존尊尊'의 요구는 보이지만, 제도를 유지하기 위한 기초가 되는 '친친親親'의 요구는 보이지 않는다."[7)]라고 했다. 법가에서의 이상적인 군주는 법과 권세와 통치술을 잘 활용하여 명령의 유효성을 관철시키는 사람이다. 법의 유효성은 이미 이루어진 사안들로부터 군주가 보증하는 것이다. 그렇다면 법가의 통치방법론 속에서 군주는 정말로 자신의 마음이 내키는 대로 법을 제정할 수 있는 것인가? 물론 엄격한 법률의 적용 및 집행 여부에 관계없이 법규범은 스스로를 증명해낼 수 없기 때문에 법의 유효성은 실제생활을 벗어나서는 예측이 불가능한 것이다. 그러므로 실제적이면서 정밀하게 한 관찰에 부합하는 관점을

---

6) 顔厥安, 「論法哲學的範圍及主要問題」, 『哲學雜誌』, 第四期, 1993년, 159~161쪽 참조.

7) 徐復觀, 『中國思想史論集』, 臺北, 學生書局, 1990년, 237쪽 참조.

가지고 법규범의 '효능'에 대하여 논의를 진행해야만 하는 것이다. 즉 어떤 것이 예법규범의 유효한 기초가 될 수 있겠는가? 또 어떠한 조건의 기초 위에서 제도규범이 비로소 백성들의 일상생활 속에서 절실하게 인정되고 응용되며 준수되어 그 효능을 제대로 발휘할 수 있을까?

하나의 완전한 형태의 정치적 주장도 내용의 실질적인 문제에 대해서는 언급을 하지 않을 수는 없는데, 유가에 비하여 법가는 더욱 진일보해서 법치제도의 합리적 측면에 대하여 많은 논의를 내놓았다. 유가의 법치제도에 대한 사고의 틀 속에는 비록 법률체계에 대해서 전면적인 부정은 하지 않고는 있으나, 그들은 사회질서 유지에 진정한 효력을 발생시킬 수 있는 작용은 바로 사회적 윤리 도덕에 있다고 생각했다. 유가에서는 도덕이나 예의 등의 윤리 개념이 효능의 측면과 가치에 있어서는 형벌이나 법률보다 우위에 선다고 생각하였으며, 또한 이러한 것들이 법치의 실질적인 효능의 근원이자 판단근거가 될 수 있다고 생각했다. 공자는 이러한 부분에 주목하여 윤리관계를 구체적인 사건 가운데에 드러냈다. 심지어는 고의적으로 좁은 의미의 합법성까지도 간과하기도 했다.

> 섭공이 공자에게 말했다. "우리 마을에는 몸가짐이 정직한 사람이 있는데, 그의 아버지가 양을 훔치자, 자식이면서도 그것을 증언했습니다." 공자가 대답하여 말했다. "우리 마을의 정직한 사람은 그와 다릅니다. 아버지는 자식을 위해 그런 일을 숨기고, 자식은 아버지를 위해 그런 일을 숨기지만, 정직함이 그 가운데 있습니다."[8)]

위의 인용문에는 덕의 작용이 우선이며 심지어는 법이 가지고 있는 보편성의 원칙에 대한 배척을 통하여 법률관계가 윤리관계에 전혀 적용되지 않는다는 사실뿐만 아니라 동시에 이러한 사건 속에서 내려야 하는 상황판단이 정직에 대해서 인가? 또 그것이 예禮에 부합하는 것인가? 하는 문제들을 기초하여 공자가 강조한 윤리의 근원적 요구에 대한 언급이 담겨져 있다고 할 수 있다. 그렇다면 "자식은 아버지를 위해 그런 일을 숨겨준다"고 하는 말은 '효'孝라고 하는 단순한 개념으로 해석할 수 있는 성질의 문제가 아니다. 그러므로 우리는 진일보하여 '효'는 어떻게 법률이 요구하는 보편성의 문제를 상실하게 만들었는가?와 윤리원칙은 어떻게 법률형식의 가장 근본적인 요구보다 우위에 설 수 있는가?의 문제들에 대하여 논의가 필요하다고 생각된다. 이러한 문제들은 법률제도의 근원이 윤리관계에 확실하게 있다는 것과 구체적인 개별사안의 판결 역시 윤리적 판단이 필요하다는 것을 설명하고 있는 것이다. 위에서 인용한 문장 가운데 자식이 만일 아버지를 관가에 고발하여 처벌받게 한다면 이는 예법의 원칙에 위배되는 것이다. 또한 이는 공자가 찬양한 "자식은 아버지를 위해 그런 일을 숨겨준다"는 행위와는 반대로 정확하게 법률의 적용을 받게 되기 때문에 법의 보편성을 온전하게 유지할 수 있게 되는 것이다.

형벌과 의전 및 제도 등을 포함한 국가의 모든 실증법체계는 법률질서의 외연적인 요인에 불과하고, 진정한 질서의 유지에 결정적

8) 『論語』, 「子路」, "葉公語孔子日: 吾黨有直躬者, 其父攘羊而子證之. 孔子日: 吾黨之直者, 異於是. 父爲子隱, 子爲父隱, 直在其中矣."

인 작용을 하는 것은 한 사회에서 지속적으로 존재해오고 상호적이고 비정규적인 행위의 준칙이라고 할 수 있는 것이다. 이러한 것들은 또한 법률제도와 질서의 근원이 되는 것이다. 공자는 '예의 정신'을 확실하게 질서유지에 착안하여 추구했지만, 질서유지의 측면에만 머물지 않고 진일보하여 사회운영의 전제로서 '인仁'의 실현을 추구하려고 했다. '인仁'이라고 하는 윤리 개념은 비록 명문화되고 정식적인 법률조항은 아니지만, 『논어』에서 언급하는 통치방법론 가운데 이것은 완전한 선善을 요구하는 상호대응관계인 개념으로서 실증법제도의 자연법 개념을 보증하는 역할을 한다고 할 수 있는 것이다. 유가는 법치원칙을 가지고 있는데, 이러한 법치원칙이 요구하는 '법률적 보편성의 요구'는 윤리원칙의 보편적 요구의 기초 위에 건립되어야 한다는 것이다. 그러므로 윤리적 관계를 기본으로 하는 정치교화가 유가의 "정치를 하되 덕으로서 한다."는 '예치禮治'의 근본 함의가 되는 것이다.

또한 유가는 실체법의 영역 내에서 윤리적 성질의 법률기초만을 추구하는 것에 그치지 않고 법적 절차의 시행에 있어서도 마찬가지로 윤리관계에 기본을 둔 차별적 구분을 요구한다. 이러한 주장에 대한 실례는 『예기』에 잘 나타나 있다.

> 무릇 다섯 가지의 형벌을 제정할 때는 반드시 천륜을 고려해야 한다. 책벌은 마땅히 그 사안에 따라 시행되어야 한다. 다섯 가지 형벌에 관한 송사를 처리할 때는 반드시 부자유친의 윤리에 근본을 두고 군신유의의 도리에 입각하여 그것을 저울질하여 알맞게 처리한다.[9)]

유가는 한 걸음 더나가 마음에 의한 세상 통치를 심화시키는 경지에 도달할 것을 요구함으로써 소송절차가 사실상 인간의 사회성 및 군집성에의 추구를 확보해주는 좋은 예라고 보았다. 그래서 공자는 다음과 같이 언급한 것이다.

> 공자가 "송사를 듣고 재판을 함에 있어서 나도 남과 같으나, 반드시 송사가 발생하지 않도록 할 것이다."라고 말했는데, 이것은 실상이 없는 자가 거짓말을 다하지 못하는 것은 백성들의 마음을 크게 두렵게 하였기 때문이니, 이를 일러 '근본을 안다'는 것이다.[10]

공자는 형벌과 소송에 대한 가장 최선의 처리단계는 형벌과 소송이 없게 되는 상황이라고 생각했다. 또한 그는 사회적 여론의 압박과 대중들의 좋아함과 싫어함이 공동체를 안정시킬 수 있는 힘이라고 생각했다. 이렇게 의식적으로 최고선을 추구하는 나라에서는 정치생활이 국민들의 덕성함양을 촉진시킬 수 있을 것이다.[11] 이러한 것이 바로 '예치禮治'의 목표이면서 '예치'가 완성된 후의 이상적인 세계의 모습인 것이다.

---

9) 『禮記』, 「王制」, "凡制五刑, 必卽天倫, 郵罰麗於事. 凡聽五刑之訟必原父子之親, 立君臣之義以權之."

10) 『大學章句』, 傳四章, "子曰: 聽訟, 吾猶人也, 必也使無訟乎! 無情者, 不得盡其辭; 大畏民志, 此謂知本."

11) 蕭高彦, 「共同體的理念」, 『臺灣政治學刊』, 第一期, 臺灣政治學會, 1996년, 262쪽 참조.

3. 자기수양과 정치참여에 대한 구분

'덕치德治' 개념은 바로 윤리관계로서 법치제도의 기본토대를 만들었다고 하는 개념으로서 이러한 개념에 대하여 정리를 끝내고 나서 다시 진일보하여 '예치' 혹은 '덕치'의 시행대상과 절차에 대하여 분석을 해보면 다음과 같다고 할 수 있다. 비록 "정치를 하되 덕으로써 한다."라는 언급이 정치활동의 기초적인 작용에 대한 설명이기는 하지만, 이것은 도덕수양이 정치활동의 표현적인 측면과 수단적인 측면이 된다는 사실을 부정하지는 않는다. 개인의 자기수양 문제는 『논어』에서 역점을 두고 주시하고 있는 과제이다. 그리고 이것은 자신을 덕으로써 수양한다는 명제로부터 덕이 있기 때문에 통치한다고 하는 명제로의 전환은 사상사 상의 일대 전환이라고 볼 수 있을 것이다.

이러한 과제에 대하여 본문에서는 하나의 분기점을 설정했는데 다음과 같다. 즉 도덕수양의 요구는 위정자에게 요청되는 것인가? 아니면 백성들에게 요청되는 것인가?의 문제이다. 이러한 문제는 "백성들의 신뢰가 없으면 나라는 설 수가 없다"의 해석에 대해서까지 연관 되어져 있다.

> 자공이 정치에 대하여 묻자, 공자가 "먹을 것이 풍족케 하고, 군비를 충분히 하고, 백성들이 신뢰하도록 하는 것이다."라고 말했다. 자공이 "부득이하게 꼭 한 가지를 버려야만 한다면, 이 세 가지 가운데 어느 것을 먼저 버리겠습니까?"라고 묻자, 공자가 "군비를 버려야지"라고 했다.

자공이 "부득이하게 꼭 한 가지를 버려야만 한다면, 이 두 가지 가운데 어느 것을 먼저 버리겠습니까?"라고 묻자, 공자가 "먹을 것을 버려야지. 옛날부터 누구에게나 모두 죽음은 있었던 것이나, 백성들의 신뢰가 없다면 나라는 설 수가 없다."라고 했다.[12)]

정현鄭玄은 "백성들의 신뢰가 없으면 나라는 설 수가 없다"는 문장을 "백성들의 문제가 가장 시급한 것을 말한 것이다"라고 해석했는데, 이를 통하여 "백성들의 신뢰"가 세 가지 가운데 가장 중요한 것이며 백성들이 위정자에 대하여 가장 긴박한 존재라는 사실을 인식할 수 있는 것이다. "백성들의 신뢰"는 곧 "백성들로부터 신뢰를 받음"을 의미하는데, 이것은 유가에서 위정자들에게 대하여 이렇게 해야 할 것을 요구하는 것이다. 하안何晏 같은 경우는 공안국孔安國의 주석을 인용하여 "나라를 다스리는 데에 있어서는 백성들의 신뢰를 잃어서는 안 된다"라고 하여 역시 위정자들에게 대하여 백성들의 신임을 얻는 것의 중요성을 다시 한 번 일깨워주고 있다. 반면 주자朱子는 "신뢰"를 백성들과 통치자에 대한 공통적인 요구라고 해석했다. 그래서 그는 다음과 같이 말한 것이다.

신뢰가 없으면 비록 살아도 스스로 섬이 없으니, 죽음이 편안함이 되는 것만 같지 못하니라. 그러므로 차라리 죽을지언정 백성들에게 신뢰를 잃지 않아야, 백성들로 하여금 또한 차라리 죽을지언정 나에 대한 신

12) 『論語』, 「顔淵」, "子貢問政, 子曰: '足食, 足兵, 民信之矣.' 子貢曰: '必不得已而去, 於斯三者何先?' 曰: '去兵' 子貢曰: '必不得已而去, 於斯二者何先?' 曰: '去食. 自古皆有死, 民無信不立.'"

뢰를 잃지 않게 하는 것이다.[13]

이러한 개념에 대하여 다른 입장의 해석을 하는 것은 공자의 정치교화사상이 도대체 어떠한 것이 되는가?의 문제와 관련되어 있다고 할 수 있다. 서복관은 선진유가가 정치상에 있어서 제시한 요구는 모두 통치자에게 한 것이지 백성들에게 한 것은 아니라고 했다. 이러한 것은 '의義'와 통하며 '덕치德治'의 본질이 되는 것이다. 만일 백성들을 굶어죽지 않게 만들고 그들을 지켜 잃지 않는다면 이것은 유가의 자신을 수양하는 방법론으로써 그것이 백성들에게 있는 것이다. 라는 주장을 했다.[14] 그러나 이러한 생각은 매우 부적절한 견해라고 판단된다.

다시 말하면 '자신을 수양함'과 '백성을 통치함'의 기준은 다르다고 하는데 있다. 즉 전자는 자연적 생명존재로서의 인간이 필요상 만들어 둔 가치가 아니며, 후자는 백성들의 자연적인 요구를 가장 우선적인 가치로 둔다는데 있다. 그렇지만 이러한 것들 가운데의 관건성의 문제는 고대인들의 문헌에 대한 해석이 분명하지 않아서 시간이 갈수록 그 뜻이 모호해져서 점차 자신을 수양한다고 하는 덕성이 점진적으로 통치방법론상에 있어서 백성들의 요구에 대한 조치와 혼재되어져, 결국에는 주자와 같이 "신뢰"를 '백성들이 갖추어야 할 덕목'으로 해석하여 그것이 인간이 본래부터 가지고 있어야 할 도덕수양이라고 하는 논조가 자연스럽게 만들어지게 되고,

13) 『論語集注』, 卷六, "無信, 則雖生而無以自立, 不若死之爲安. 故寧死而不失信於民, 使民亦寧死而不失信於我也."

14) 徐復觀, 『中國思想史論集續篇』, 臺北, 學生書局, 1989년, 404~408쪽 참조.

심지어는 "백성들로 하여금 또한 차라리 죽을지언정 나에 대한 신뢰를 잃지 않게 하는 것이다"라고 하는 관점 가운데 공리주의적인 색채가 덧칠해져 있는 것을 지울 수 없게 만드는데 있다는 것이다.

이상과 같이 볼 때 『논어』 속에서의 인격수양에 대한 요구는 주로 위정자에게 요청되는 것으로, 이는 곧 위정자 자신의 양호한 인품과 덕성을 요구하는 한편 도덕규범을 직접적으로 실행하여 백성들에게 그것을 확실하게 준수하도록 요구하지 말라는 것이다. 그러므로 이러한 요구는 바로 "군자의 덕이 바람과 같다면 소인의 덕은 풀과 같은 것이라, 풀 위에 바람이 불면 반드시 쏠리게 마련이다."[15]라는 것처럼 먼저 위정자의 간접적인 작용에 의해서 백성들을 교화할 것을 요구하는 것이다.

4. 禮治의 실천

일반적으로는 '예치' 가운데 가장 중요한 방법론은 '정명正名'이라고들 한다. 이러한 '정명'에 관해서는 자로와 공자의 다음과 같은 문답 속에서 찾아볼 수 있다.

> 자로가 공자에게 물었다. "위나라의 임금이 선생님을 모셔다가 정치를 부탁드린다면 선생님께선 무엇부터 먼저 하시겠습니까." 공자가 "반드시 명분을 바로 잡겠다"고 했다. 그러자 자로가 반문했다. "그런 게 어디 있습니까. 선생님은 현실과 너무 거리가 있습니다. 어떻게 그것을 바

15) 『論語』, 「顔淵」, "君子之德風, 小人之德草, 草上之風必偃."

로 잡겠다 하시는 것입니까." 그러자 공자가 "어리석구나, 유야! 군자는 자기가 알지 못하는 일에는 참견하지 않는 것이다. 명분이 바르지 않으면 일이 이루어지지 않고, 일이 이루어지지 않으면 예악이 일어나지 못하고, 예악이 일어나지 않으면 형벌이 적중하지 못하고 형벌이 알맞게 적용되지 못하면 백성들은 어떻게 행동해야 할지 모른다. 그러므로 사물의 이름을 군자가 붙일 때에는 반드시 말로써 설명할 수 있어야만 하며, 말로써 설명되면 반드시 이는 실행되어야 한다. 군자는 말에 있어 구차스러운 것이 없어야 한다."라고 했다.[16]

역대로 '정명'에 관해서는 여러 가지의 해석이 분분했다. 가장 오래된 시기의 해석은 마융馬融의 주석이라고 할 수 있는데, 그는 '정명'을 "모든 일의 이름을 바로잡는 것"이라고 하였으며, 이때의 "일"은 마땅히 예악제도를 포괄하고 있으며 그것들의 명분이 사실에 부합되어야 만이 혼란이 발생하지 않는다고 하였다. 그러나 정현鄭玄은 "정명은 문자를 바르게 쓰는 것이다. 공자는 가르침이 때에 맞춰 실행되지 못함을 보고 그 문자의 잘못된 점을 바로잡고자 했다."[17] 라고 해석하여 단순히 문장의 의미를 명확하게 정리하는 작업에 그쳤다. 정이程頤는 "명분과 실제가 서로 부합해야 하는 것"이라고 해

---

16) 『論語』, 「子路」, "子路曰: 衛君待子而爲政, 子將奚先? 子曰: 必也正名乎! 子路曰: 有是哉? 子之迂也! 奚其正? 子曰: 野哉! 由也. 君子於其所不知, 蓋闕如也. 名不正則言不順, 言不順則事不成, 事不成則禮樂不興, 禮樂不興則刑罰不中, 刑罰不中則民無所錯手足. 故君子名之必可言也, 言之必可行也; 君子於其言無所苟而已矣."

17) 金谷治는 이러한 해석에 대하여 鄭玄 자신이 예학자(禮學者)였던 입장과 관련이 있다고 판단하고 있다. 金谷治, 「鄭玄與『論語』」, 『唐寫本論語鄭氏注及其研究』, 北京, 文物出版社, 1991년, 130~131쪽 참조.

석하여 군자는 일을 실천하는데 있어서 구차 하게 하지 않는다고 하는 것을 의미한다고 했다. 그리고 근대의 많은 학자들은 정치적인 함의에 집중하여 "군주와 신하 상하간의 권리와 의무를 조정하는 것"[18]이라고 해석하기도 했다.

'정명'에 대한 수많은 해석들 가운데 정현 이외의 기타 학자들의 견해는 '정명'을 윤리학의 범주에 기초하여 이해하고자 했다. 그러나 논자는 '그것들(명분과 실제)이 서로 부합될 수 있도록 조정 한다'고 하는 명제를 단지 윤리적 관계의 문제에만 국한시켜서는 안 된다고 생각한다. 즉 공자는 기존에 존재하던 신분질서에 의거하여 간단하게 신분상의 차이를 인정하지는 않았는데, 예를 들면 군신, 부자, 부부, 형제, 친구 사이의 관계가 '예禮'에 의해서 유지되고 있는 것이 바로 그러한 것이다. 윤리관계에 있어서는 반드시 윤리대상이 사전에 전제되어야만 하는데, 이는 관계를 바로 잡는데 있어서 사전에 반드시 명분과 실제가 서로 부합되어야 하는 것이다. 즉 윤리대상이 진정한 대상으로서 성립 될 수 있는가에 대한 질문이 선결되어야 한다는 것이다.

> 제나라 경공이 공자에게 정치에 대하여 묻자, 공자가 "군주는 군주답고, 신하는 신하다우며, 아버지는 아버지답고, 자식은 자식다워야 합니다."라고 대답했다.[19]

공자의 대답에는 현실적인 고려가 담겨져 있는데, 특히 제齊나라

18) 蕭公權, 『中國政治思想史』(上), 臺北, 聯經出版事業公司, 1990년, 57쪽 참조.
19) 『論語』, 「顔淵」, "齊景公問政於孔子, 孔子對曰: 君君, 臣臣, 父父, 子子."

경공 당시의 군주와 신하 및 부모와 자식 간의 무도한 시해와 살해 사건들이 빈번하게 발생하여 천하가 혼란의 상황에 빠지게 된 점에 초점을 맞췄지만, 또한 보편적인 의미가 담겨져 있음을 부정할 수는 없다. 즉 인간이 반드시 그 윤리관계 위에서 각자 본분에 맞는 행동을 해야 할 것을 요구하고 있는 것이다. 명분과 실제를 바로잡는다고 하는 요구는 동시에 윤리관계의 강화를 방지하여, 현실사회의 요구와 다른 그러나 상응하는 윤리관계로부터 맹자가 언급한 정의롭지 못한 군주는 폐위시켜 죽일 수 있다는 실천의 판단원칙에까지 전개될 수 있다는 것이다.

정현의 해석에 대해서는 특별히 주의할 만한 점이 없는 것으로 볼 수 있는데, 이는 오히려 우리에게 재해석의 공간을 열어주는 역할을 한 것이라고 할 수 있는 것이다. 무슨 이유에서 "가르침이 실행되지 못하는" 때에 공자는 오히려 고대의 전적으로 돌아가 "문자의 잘못된 점을 바로 잡는다."는 것을 통하여 전적의 본래적인 의미를 찾고자 했을까? 정현의 이러한 부분에 대한 해석은 「위정」의 "빼버리거나 더하여 알 수 있다."는 것과 관련한 이해와 부합한다고 할 수 있다.

> 자장이 "열 세대 후의 일을 알 수가 있습니까?"라고 묻자, 공자가 "은나라는 하나라의 예에 따랐으니 거기에서 빼버리거나 더한 것을 알 수 있었다. 주나라는 은나라의 예를 따랐으니 거기에서 빼버리거나 더한 것을 알 수 있었다. 그 누구든 주나라를 계승한다면 비록 백 세대 후의 일이라도 알 수 있을 것이다."라고 말했다.[20)]

위의 인용문에 대한 정현의 해석은 "빼버리거나 더한 것을 알 수 있다고 하는 것은, 시간의 차례에 근거하여 모든 정세를 추측해볼 수 있다는데 있는 것이다."[21]와 같은데, 이러한 해석은 하안何晏과 주자가 한 "변화와 불변화의 도리는 이해할 수 있는 것이다."는 해석과 의미상에 있어서 커다란 차이를 보인다. 이러한 차이는 사실 주석 작업을 하는 학자들 자신의 고적에 대한 이해정도와 관련이 있다고 보여 진다. 그렇다고 우리가 자로가 공자의 생각이 현실과 괴리되었다고 조소한 것과 같은 노선을 걸을 수는 없는 것이다. 반대로 공자나 정현 및 역대의 경학자들이 정치제도를 설정했을 때에 있어서 모두가 부단히 고전 경전으로 돌아가 그것의 입론 근거를 재차 그 속에서 중복적으로 찾는다면 전통의 대체성은 불가능한 것임을 발견할 수 있게 된다.

'정명'에서의 '정'은 바로잡고 조정한다는 의미인데, 이것을 현실 행위 속에 응용시킨다면 이러한 바로잡음과 조정 자체는 일종의 '다시 바로잡음'과 '재조정'이 되어버린다. 원래 존재하는 사물의 이름과 실체는 이미 존재하고 있는 것인데, 시대적인 요인이나 인위적인 요인에 의하여 본래부터 가지고 있었던 형태가 점진적으로 모호해지거나 본래의 형태에 상응하지 않는 관계가 발생할 수 있는 것이다. 그러므로 공자가 진행했던 '정명' 작업은 곧 그러한 것들이 자신의 표준에 맞게 회복될 수 있도록 하는 것이다.

'정명'의 작업 이전에 이미 존재하고 있는 사물들에 대한 강조는,

20) 『論語』, 「爲政」, "子張問: 十世可知也? 子曰: 殷因於夏禮, 所損益可知也. 周因於殷禮, 所損益可知也. 其或繼周者, 雖百世可知也."

21) 黃侃, 『論語義疏』, "所損益可知者, 據時篇目, 皆在可校數也"

곧 '정명' 개념 위에 전통과 권위의 개념이 더해진 것을 의미한다고 할 수 있다. 그렇지만 본문에서 강조하고자 하는 것은 '정명'이라고 하는 개념에 대하여 재해석과 새로운 이해를 시도하는 과정 속에서 전통과 권위는 결코 부정적이거나 비이성적인 이면의 개념으로 사용된 것은 아니라는 사실이다. 가다머(H.G.Gadamer)는 권위는 결코 위압적인 권력이 아니며 복종과 관계가 있는 것이 아니고, 인식과 관계가 있는 것이라고 생각했다. 그래서 그는 "우리들이 말하는 전통적인 것들은 증명되지 않았거나 유효성의 검증을 거치지 않은 것이다.……이성적 근거 이외에 전통 역시 권리를 보유하고 있으며 또한 상당히 큰 범위 내에서 우리들의 제도와 행위를 규정하고 있다."[22]라고 언급한 것이다. 이렇기 때문에 본문에서는 권위에 대한 승인을 이성에 대한 복종을 버린다는 의미로서가 아닌 전통 속에서 진행되어 온 재검증으로부터 오는 것이라고 판단하겠다. 그러므로 권위는 비이성적인 것이 아니고 시간의 경과를 거친 후에 나타나게 되는 진실 즉 우리들에게 대하여 이미 실효작용을 한 진실인 것이다.

진일보하여 본문에서 '정명' 개념에 있어서 드러내고자 하는 것은 그 이론이 의심의 여지 없이 유가의 통치방법론의 근본적인 권위를 끌어들이기 때문에 차라리 전통이라고 말하는 편이 훨씬 적합하다고 생각한다. 즉 가장 도전적인 인상을 가진 맹자 자신 역시 기본적으로는 "선왕의 도를 생각하고 흠모한다."는 입장에 서서 권위의

22) Hans-Georg Gadamer, 洪漢鼎 譯, 『眞理與方法』, 上海, 上海譯文出版社, 2004년, 370쪽 참조.

재검증을 진행하기 때문에, 검증과 비판의 과정 속에서 이성의 작용이 표현되는 것이다. 그러나 이러한 이성의 작용은 왕도와 패도의 논변 속에서만 존재하고 있는 것이 아니고 동시에 문화의 보존 속에도 존재한다고 할 수 있는 것이다.

> 공자가 말했다. "주나라의 문화와 제도는 하나라 은나라 두 왕조에 걸친 문화와 제도를 거울로 삼았으니, 찬란하게 꽃 피었구나 그 문화와 제도가! 나는 주나라의 문화와 제도를 따르겠다."[23)]

위의 인용문 가운데 "주나라의 문화와 제도는 하나라 은나라 두 왕조에 걸친 문화와 제도를 거울로 삼았으니, 찬란하게 꽃 피었구나 그 문화와 제도가!"라는 언급은 이성적인 판단의 기준을 여실하게 보여주고 있다고 할 수 있다. 또한 "주나라의 문화와 제도를 따르겠다."는 것의 여부는 찬란하게 꽃피운 문화에 대한 판단을 거친 후의 자유로운 선택인 것이라고 할 수 있는 것이다.

사실상 권위는 "주나라의 문화와 제도를 따르겠다."라고 하는 의식 아래에서의 전통의 도리, 아니면 명분과 실제를 바로잡는다고 하는 의식 아래에서의 군주를 막론하고 모두 반드시 경험 속에서 재차 검증되어져야 하며 또한 윤리대상 그 자체 역시 결단코 재차 존재하는 것이 아닌 것이다. 이러한 측면이 비로소 앞서 언급했던 맹자의 폭군 방벌론의 사상과 그 맥락을 같이 한다고 할 수 있는 것이다.

23) 『論語』, 「爲政」, "子曰: 周監於二代, 郁郁乎文哉! 吾從周."

이상과 같이 해석대상이 해석자의 의식과 시대적 상황에 종속한다는 입장 아래서 정현이 언급한 "문자의 잘못된 점을 바로 잡는다"라고 한 해석을 이해해야만 할 것이다. 우리들이 이러한 각도에서 정현의 주장을 이해하게 된다면 동시에 공자의 주장 역시 정확하게 이해할 수 있게 될 것이라고 판단한다.

5. 맺는 말

이상에서와 같이 공자의 예치사상에 대하여, 덕치와 법치의 대립 및 자기수양과 정치에의 참여에 대한 구분 그리고 예치의 실현이라는 테마를 중심으로 재해석을 해보았다.

먼저 덕치와 법치의 대립에서는 '예'와 '법'을 대립하는 두 개념으로 보아서 '예'와 '덕'의 개념을 연결한 후에 유가는 '민주 지향적, 내재적, 백성 지향적'으로 묘사되었으며, 법가는 '권위 지향적, 외재적, 통치자 지향적'으로 묘사되어 두 학파는 극단적으로 대립하는 모습으로 비춰진다고 보았으며, 또한 유가는 현대의 개인적 자유주의와 흡사한 모습을 띄우고 있다고 할 수 있다고 보았다. 또한 유가 역시 법치원칙을 가지고 있다고 볼 수 있는데, 이러한 법치원칙이 요구하는 '법률적 보편성의 요구'는 윤리원칙의 보편적 요구의 기초위에 건립되어야 한다고 유가는 주장하고 있다. 그렇기 때문에 윤리적 관계를 기본으로 하는 정치상의 교화가 유가의 "정치를 하되 덕으로서 한다."는 '예치'의 근본적인 함의가 되는 것으로 보았던 것이다.

자기수양과 정치에의 참여에 대한 구분에서는 '자신을 수양함'과 '백성을 통치함'의 기준은 다르기 때문에, 전자는 자연적 생명존재로서의 인간이 필요상 만들어 둔 가치가 아니라는 것과 후자는 백성들의 자연 발생적인 요구를 가장 우선순위의 가치로 둔다는데 그 차이가 있다고 했다. 또한 『논어』 속에서의 인격수양에 대한 요구는 주로 위정자에게 요청되는 것으로, 이는 곧 위정자 자신에게 양호한 인품과 덕성을 요구하는 것을 의미하면서 한편으로는 위정자 자신이 도덕규범을 직접적으로 실행한다고 해서 이것을 백성들에게 똑같이 준수하도록 강요해서는 안 된다는 것이다. 그렇기 때문에 공자는 위정자 자신의 간접적인 영향력에 의해서 백성들을 교화시킬 것을 주장했다고 한 것이다.

끝으로 예의 실천에서는 '예치' 가운데 가장 중요한 방법론이 '정명'이라는 사실을 상기시키는 한편 '정명'의 의미에 대하여 공자의 주된 입장은 인간이 반드시 그 윤리관계 위에서 각자 본분에 맞는 행동을 해야 할 것을 요구하는 것에 있다고 보아 명분과 실제를 바로잡아야 한다는 것을 주장한데 있다고 보았다. 또한 '정명'에서의 '정'은 바로잡고 조정한다는 의미이며, 이러한 '정명'을 현실생활 속에 적용한다면 바로잡음과 조정 자체는 일종의 '다시 바로잡음'과 '재조정'이 된다고 할 수 있는 것이다. 다시 말하면 본래 존재하는 사물의 이름과 실체는 이미 존재하고 있는 것인데, 시대적인 요인이나 인위적인 요인에 의하여 원래부터 가지고 있었던 형태가 점진적으로 모호해지거나 본래의 형태에 상응하지 않는 관계가 발생할 수 있는 것이기 때문에 공자는 그러한 것들이 자신의 기준에 맞게 회복될 수 있도록 했는데 이러한 작업이 바로 '정명'이라는 것이다.

참고문헌

朱　彬, 『禮記訓纂』, 『宜祿堂』 淸刻本.

朱　熹, 『大學章句』, 『海淵閣』 明刻本.

朱　熹, 『論語集注』, 『海淵閣』 明刻本.

黃　侃, 『論語義疏』, 『皇淸經解』 本.

劉寶楠, 『論語正義』, 『續皇淸經解』 本.

司馬遷, 瀧川資言會注考證, 『史記會注考證』, 太原, 北岳文藝出版社, 1999년.

成中英, 『知識與價値』, 臺北, 聯經出版事業公司, 1986년.

黃維幸, 『法律與社會理論的批判』, 臺北, 時報文化事業公司, 1991년.

瞿同祖, 『中國法律與中國社會』, 臺北, 里仁, 1987년.

徐復觀, 『中國思想史論集』, 臺北, 學生書局, 1983년.

徐復觀, 『中國思想史論集續篇』, 臺北, 時報文化事業公司, 1985년.

蕭公權, 『中國政治思想史』(上), 臺北, 聯經出版事業公司, 1990년.

Hans-Georg Gadamer, 洪漢鼎 譯, 『眞理與方法』, 上海, 上海譯文出版社, 2004년.

金谷治, 「鄭玄與『論語』」, 『唐寫本論語鄭氏注及其硏究』, 北京, 文物出版社, 1991년.

顏厥安, 「論法哲學的範圍及主要問題」, 『哲學雜誌』, 第四期, 1993년.

蕭高彦, 「共同體的理念」, 『臺灣政治學刊』, 第一期, 1996년.

제 7 장

유가의 연원

1. 시작하는 말

유가의 기원에 관한 문제는 현재까지도 학계에서 이견이 분분한 분야로서, 이 문제에 관하여 연구자들마다 제 각기 서로 다른 각도에서 조명한 자신의 견해를 제시하고 있는 실정으로 아직 명확한 정설이 정해지지 않았다고 판단된다. 현재 학계에 거론되고 있는 유가의 기원에 대한 학설은 대략 다음과 같다고 할 수 있다.

먼저 공자 일생의 사적이나 공자의 사상체계로부터 유가사상의 기원을 탐색하는 학설로서, 이러한 각도에서 연구한 결과의 특징은 공자를 사회개혁가로 보고 있다는데 있다. 전목錢穆과 크릴(H.G.Creel) 같은 학자가 이러한 부류에 속한다.

다음은 사회체제의 거시적인 변화에 대한 분석으로부터 공자의 사상과 정치적 실천을 탐색하는 학설로서, 이러한 시각에서 연구한 결과는 공자를 중심으로 한 새로운 사회적 계층 및 학파가 발생했다고 하는 점에 그 특징이 있다고 할 수 있다. 조기빈趙起彬과 광아명匡亞明 및 카이즈카 시게키貝塚茂樹 같은 학자가 이러한 부류에 속한다.

그 다음은 '사士'나 '유儒' 등의 사회적 계층 혹은 사회적 단체의 실체로써 유가사상의 기원을 탐색하는 학설로서, 종합적인 특징을 가지고 있으며 여영시余英時 같은 학자가 이러한 부류에 속한다.

그 다음은 사상발전의 관점에서 유가사상의 기원을 탐색한 학설로서 '인仁'과 '예禮' 등의 개념의 변화를 중시한 점에 그 특징이 있다고 할 수 있다. 서복관徐復觀과 아카즈카 키요시赤塚忠 같은 학자가 이러한 부류에 속한다.

끝으로 연구자 자신이 설정한 철학적 관점에 기반 하여 공자 사상의 의미를 묘사한 학설로서 사상의 자율적 발전을 중시한 점에 그 특징이 있으며, 이택후李澤厚와 모종삼牟宗三과 핑가레트(H.Fingarette) 같은 학자가 이러한 부류에 속한다.

이상과 같은 학자들의 학설은 매우 심도 있는 연구결과라고 판단되지만, 본문에서 제기하고자 하는 문제의식에 비춰볼 때 다음과 같은 세 가지 측면에 있어서 보완이 필요하다고 생각된다.

먼저 많은 학자들의 견해 속에는 공자 본인의 사상과 정치적 실천이 주요한 연구 대상으로 각인되어져 있으며, 일부 학자들과 같은 경우는 역사적 법칙의 공자에 대한 영향을 과도하게 중시하고 있다. 그러나 여기에서의 문제는 만일 유가를 일종의 사회세력으로 간주한다면 마땅히 유가의 집단으로서의 특색을 고찰해야 한다는 것이다.

다음은 대부분의 학자들이 공자 사상의 본질이나 의미의 측면에만 집중적인 고찰을 하기 때문에 유가사상이 왜 형성되었을까? 라고 하는 문제에는 상대적으로 소홀했다는 것이다. 다시 말하면 춘추전국시대의 사회에서 무슨 이유 때문에 유가사상이 출현했어야만 했는가의 문제에 대한 설명과 고찰이 부족하다는 것이다.

마지막으로 많은 연구 서적이 공자의 정치적 실천에 대하여 거론하고 있지만, 공자나 원시유가 사상의 정치성에 대해서는 거의 거론하고 있지 않다는 것이다. 즉 많은 학설들이 유가사상과 춘추전국시대의 국가들 사이의 대립적 측면만을 강조하여 유가학파와 춘추전국시대 국가들 간의 상호의존적 측면을 경시했다는 점이다. 만일 유가학파와 춘추전국시대의 국가들 사이에 대립적인 관계만 존재했다고 하면 유가의 세력이 어떻게 그처럼 빠르게 확산될 수 있었겠는가?

본문에서는 이상과 같은 문제의식에 기초하여 유가집단이 어떻게 발생하게 되었나 하는 사안에 대하여 다음과 같은 문제들을 중심으로 분석을 해보겠다. 유가집단과 그 사상의 연원은 어디에 있는가? 어떤 요인이 유가집단의 형성을 촉진시켰는가? 유가집단과 춘추전국시대의 새로운 형태의 국가와의 관계는 어떠했는가? 유가집단과 춘추전국시대 국가들의 결합은 어떠한 문제를 발생시켰는가?

2. 유가 학파의 연원

유가집단의 연원에 관한 문제에 대하여 유가 학파의 세 가지 사상연원 즉 '유儒'·'사史'·'시악詩樂'의 측면과 유가집단의 주요한 사회적 모체로서의 '사士'의 실태 측면의 두 부분으로 나누어 살펴볼 수 있다.

먼저 '유儒'의 원시형태에 관한 문제부터 살펴보기로 하겠다. '유'란 무엇인가? '유'에는 어떠한 사상 내함이 담겨져 있는 것인가? 『설문해자』에는 "유는 부드러움이다. 술사의 호칭이다."[1]라고 기록

1) 許愼, 『說文解字』, "儒, 柔也, 術士之稱."

되어 있다. '유'자의 의미에서 언급하자면 중요한 함의는 '수需' 부분에 있다고 할 수 있다. 시라카와 시즈카白川靜 같은 경우는 '수需'자의 원래 형태는 '우雨'와 '이而'인데, '이'자는 머리를 풀어헤친 무당을 의미하며, 그것에 '우'자가 더해져 그것이 가리키는 것은 비를 청하는 의식을 거행하는 '무격巫覡'을 의미하는 것이라고 한다.2)

고대의 중국 특히 춘추시대 이전의 중국사회에는 '사祀'라고 하는 씨족집단이 있었다는 점에 유의할 필요가 있다. 이러한 '사'의 주요한 역할은 조상에 대한 의례를 담당하는 것으로 그들 즉 '사'의 신분이 높고 낮음에 관계없이 만일 '사'가 행사에 참여하지 않으면 왕이라고 할지라도 그들의 조상에 대한 제례를 진행할 수 없었다. 춘추시대의 사람들의 관념 가운데에 있어서 조상 역시 공동체의 구성원에 포함되었으며 매우 중요한 존재였다.3)

이러한 부분에서 주의해야 점은 고대사회에 있어서 '무격'과 '사'에 관한 사회적인 신분과 역할이 한나라 이후에 보여 지는 사실들과는 다르다는 점에 반드시 유의해야 한다. 특히 춘추시대에 와서는 왕・제후와 '무격'사이는 명확한 구분이 없었다는 점에 반드시 유의할 필요가 있다. 즉 국가 차원의 제사를 거행하는 때가 되면 왕・제후는 큰 '무격'으로 변했는데, 이것은 왕・제후가 일정부분에 있어서는 '무술巫術'에 정통했음을 의미한다고 볼 수 있다. 이러한 상황은 상商나라시기에 특히 성행했던 것이기는 하지만 그렇다고

2) 시라카와 시즈카 저, 장원철 역, 『사람의 마음을 움직여 세상을 바꾸리라』, 서울, 한길사, 2004년, 97~100쪽 참조.

3) 高木智見, 「春秋時代の神人共同體について」, 『中國-社會と文化』 集五, 1990년, 141~148쪽 참조.

춘추시대에 와서 완전히 소실된 것은 아니라고 보기도 한다.[4] 그렇기 때문에 기우제 의식을 거행하는 '무격'이 어떤 때에는 전문적인 민간 '무격'일 수도 있지만 또 어떤 때에는 '무격'으로 분장하여 '무격' 역으로 각색된 왕이나 제후일 수도 있다고 말할 수 있는 것이다.

그렇다면 '유儒'와 '유가'의 관계는 과연 어떠한 형태를 가지고 있는가? 라는 문제에 대하여 살펴보도록 하겠다. 이러한 문제에 대해서는 춘추시대에 이르러 '무술巫術' 등 각종 의례에 관한 전문지식이 어떤 방법을 통하여 다음 세대로 전해질까? 라고 하는 물음에서 접근하는 편이 타당하다고 여겨진다. 즉 고대의 중국사회에서 전문적인 기능과 지식을 배울 수 있었던 곳에는 두 종류가 있었다. 하나는 고대의 각 나라에서 운영하던 학교로 서주 시기의 '벽옹辟擁' 같은 경우가 그것에 해당된다. 다른 하나는 각 씨족의 내부에서 운영하던 학교이다. 중요한 점은 왕이나 제후 및 귀족들은 국가에서 운영하는 학교나 씨족에서 운영하는 학교를 선택하여 교육을 받을 수 있었으며, 본래 이러한 전문적인 지식들을 보유하고 있는 씨족집단이 존재하고 있다는 것이다. 한편 그들은 왕이나 제후가 주관하는 각종의 국가차원의 제사 의례에 참여하면서 '무술' 등의 전문적인 지식과 기술을 왕이나 제후 귀족들의 자제에게 전수하기도 했다. 다른 한편으로는 비교적 중요한 전문적인 지식은 씨족집단 내부의 다음 세대에 전수하기도 했다.

춘추시대의 '유'는 '무술' 등 제사 의례와 관련된 전문적인 지식과

4) 송나라에서 이러한 풍속이 특히 성행했는데, 『莊子』 등의 기록에 보이는 바와 같이 친히 기우제를 주재하는 송나라 경공景公의 경우 큰무당의 면모를 가지고 있다고 할 수 있다.

기술을 보유하고 있었던 씨족집단이었을 것으로 생각된다. 그들 가운데 국가차원의 대규모적인 제사의 진행 및 준비를 담당하는 '대유大儒'와 민간차원의 소규모적인 제사의 의례를 담당했던 '소유小儒'가 있었을 것이다. 그러므로 공자는 일찍이 "너는 군자다운 유자가 되어야지, 소인 같은 유자는 되지 마라."[5]라고 언급했던 것이다.

'유'와 '유가'의 관계에 대하여 적지 않은 학자들이 '무격'이나 '사祀' 등의 제사를 담당하는 집단을 유가의 원초적인 형태로 간주한다. 특히 근래의 고대문자학과 문화인류학의 발전은 갈수록 춘추시대의 '유'와 유가사상의 관련성에 힘을 실어주고 있다. 그러나 설사 그와 같다 손치더라도 앞에서 언급한 사실들로는 '무술巫術'을 담당했던 무당이나 신과 인간의 소통자의 역할을 했던 '사祀'가 갑자기 변하여 '덕치德治'나 '예치禮治'의 정치사상을 포함한 '유儒'로 변모 될 수 있었는가 라고 하는 문제에 대해서는 충분한 해답을 주고 있지 못하고 있다.

'유儒' 혹은 '사祀'는 도대체 어떻게 그러한 정치사상으로 발전할 수 있었을까? 라는 문제에 대하여 다음과 같은 각도에서 조명할 수 있을 것이다. 먼저 '유'의 원초적인 형태는 민간차원의 제사의 의례를 담당했던 '무당'이면서 왕이나 제후 및 귀족들의 '교육자'임과 동시에 국가차원의 제사 의례 거행에서 빠져서는 안 될 조력자로서의 '유'였던 것이다. 이들에게는 자신들의 전문적인 지식을 정치철학으로 발전시킬 수 있는 능력과 의지가 있었을 것으로 판단된다. 다른 하나는 대체로 기술을 갖춘 모든 집단들과 마찬가지로 '유'의 존재

5) 『論語』, 「雍也」, "女爲君子儒, 無爲小人儒."

형태는 씨족집단 위주로 이루어졌을 것인데, 그 가운데 국가차원의 행사에 영향력을 충분히 발휘할 수 있을 만한 씨족단체가 있어서 그들이 평상시에는 '무술巫術'에 종사하다가 일단 정치적인 분쟁이 발생했을 때는 '유'는 왕이나 제후 및 귀족들의 입장을 지도하면서 집단적인 역량을 이용하여 가볍게 여길 수 없는 실력을 발휘할 수 있었을 것이라고 생각한다.[6] 이와 같이 볼 때 유가집단의 출현 이전에 '유'는 이미 정치집단으로서의 잠재적 가능성을 보유하고 있었다고 볼 수 있으며, 이러한 의미에서 정치철학의 발생은 자연스러운 현상이라고 판단된다.

『논어』의 가치관을 분석해보면 원시유가가 '시詩'와 '음악樂'을 매우 중요시했음을 쉽게 발견할 수 있다. 공자는 "시에서 흥취를 갖게 되고, 예로써 자립하게 되고, 음악에서 완성시키는 것이다."[7]라고 했는데, 이러한 공자의 언급 속에는 주어가 생략되었기 때문에 우리는 '흥취'와 '자립' 및 '완성'의 주체가 학습의 대상인지 아니면 인간의 덕성인지를 결정 할 수가 없는 것이다. 그러나 여기에서 최소한 원시유가가 '시'와 '음악'을 매우 중시했다는 사실만큼은 알 수 있다. 그렇다면 고대의 중국인에게 있어서 '시'와 '음악'은 그들에게 어떠한 의미를 부여하는 것이었을까? 또한 유가에서 '시'와 '음악'을 학파의 이데올로기 형성수단으로 끌어들인 이후 '시'와 '음악'은 유가사상에 어떠한 영향을 끼쳤을까?

현대의 문헌고증학 및 문화인류학의 연구결과에 의하면 우리가

6) 白川靜, 『孔子傳』, 東京, 中央公論社, 1989년, 127～130쪽 참조.

7) 『論語』, 「泰伯」, "興於詩, 立於禮, 成於樂."

접하고 있는 『시경』의 원형은 연애가요와 제사의례용 노래였다.[8] 이 가운데 두 번째 의미를 특별히 주시할 필요가 있는데, 제사의례용 노래의 제작은 '신神'에게 봉헌 드리기 위한 행위로서 고대인은 이러한 행위에 대하여 경건하게 임했다. 그러므로 이러한 노래의 제작 행위에 대하여 고대인들은 최고의 지식과 사고력을 발휘했을 것이다. 서주시기 말기에는 '시'의 창조는 제사의례용 노래의 범주에서 독립하게 되는데, 이는 인간의 창조적 사고의 시작이 '시'의 방식으로 나타났음을 의미하는 것이다. 따라서 고대인들은 '시'를 통하여 생활의 고달픔과 정치와 사회에 대한 비판과 미래에 대한 불안 등등 자신과 사회의 각종 관계를 표명하기 시작한다. 춘추시대에 와서 '시'에 대한 새로운 창조는 이미 종말을 고하고, 고대 선인들의 지적유산으로 변모하여 외교의전 등의 수사용으로 사용되는데 이러한 것이 '시'의 '단장취의斷章取義'라고 하는 것이다. '시'의 '단장취의' 형식이 춘추시대 귀족들의 언어생활에 영향을 준 것은 '시'의 수사적인 기능과 음운의 탁월성 때문만이 아니고 '시'의 내용 자체가 고대인들의 최고 지적활동의 결과였기 때문인 것이다.

그렇기 때문에 『논어』에서는 "공자께서 백어에게 말씀하셨다. 너는 주남과 소남을 공부하였느냐? 사람으로서 주남과 소남을 공부하지 않으면, 그는 마치 담벼락을 마주 대하고 서 있는 것과 같을 것이다."[9]라고 언급한 것이다. 이곳에서 "그는 마치 담벼락을 마주

8) 松本雅明, 「古典の形成」, 『世界歷史』 卷四, 東京, 岩波書店, 1970년, 127～130쪽 참조.

9) 『論語』, 「陽貨」, "子謂伯魚曰: 女爲周南召南矣乎? 人而不爲周南召南, 其猶正牆面而立也與!"

대하고 서 있는 것과 같을 것이다"라는 언급은 언어적인 측면에만 답보 상태에 빠진 것이 아니라 전체적인 사고와 지적능력 역시 답보 상태에 빠지게 된다는 것을 의미하는 것이다. 원시유가에 있어서 지식과 사고에 대한 육성 및 사고의 성심을 다하는 태도는 '시'의 학습을 통하는 것이 가장 좋은 방법이었다.

원시유가에서 '음악'을 중요시한 이유는 두 가지 측면으로 귀납시킬 수 있는데 다음과 같다. 첫 번째 이유는 음악 자체가 가지고 있는 신비한 성질이다. 동서고금을 막론하고 선율의 일정한 조합은 인간의 정서를 동요시켜왔다. 그렇기 때문에 어떠한 제사의례 속에서도 음악은 필수 불가결한 요소로 자리 잡아 온 것이다. 특히 더욱 장엄한 국가 차원의 의례에서 음악의 중요성은 더욱 높아졌던 것이다. 이러한 것이 바로 '예禮'와 '음악'을 합쳐서 '예악禮樂'이라고 말하는 이유인 것이다. 이러한 점에 대하여 기무라 에이이치木村英一 같은 경우 다음과 같이 주장했다.

> 각종 의례에는 그것에 적합한 각종 음악이 있다. 또한 이러한 음악은 각종 의례가 순조롭게 진행 될 수 있게 하는 선율을 가지고 있다. 의례와 음악의 미묘한 조화에 의해서 참여자들이 일체감에 도취되는 것을 누릴 수 있는 것이다. 이러한 점에서 볼 때 고대의 '예악'은 상호 표리관계를 이루고 있었을 뿐만 아니라 국가사회 질서의 통일과 작위 신분의 차별을 상징적으로 표현하고 있으며 이것을 실현하는 신성한 방법이었으며 통치계층의 필수적인 교양이었던 것이다.[10)]

10) 木村英一,『孔子と論語』, 東京, 創文社, 1971년, 159쪽 참조.

다음의 이유는 음악을 연주하는 악사에게 있다. 고대 사회의 악사는 신비한 음악의 연주자 일뿐만 아니라 고대 지식의 전달자였다. '시'의 가사는 반드시 음악과 동반되었기 때문에 악사들은 필연적으로 '시'의 가사를 외울 수 있었던 것이다.

그렇다면 '사史'의 지식전통과 원시유가의 관계는 어떠한가? 사실 대부분의 학자들이 원시유가와 『상서』의 관계는 그다지 깊지 않은 것으로 생각하고 있다.[11] 그러나 원시유가와 『상서』의 관계가 그다지 깊지 않다고 하는 사실은 원시유가에게 역사관이 없었다거나 『상서』 가운데 가장 일찍 성립되었다고 간주되고 있는 「오고五誥」 등의 역사기록을 참고한 적이 없었다는 것을 의미하는 것은 아니다. 춘추시대에는 각 나라에 사관史官이 있었는데, 그들은 한편으로는 서주시기 이래의 기록을 전수 받아 보존하는 작업을 하였으며 동시에 자신들 역시 역사를 기록하는 작업을 했었다. 또한 원시유가의 합리적인 사고방식은 역사 공부를 통하여 터득된 것인데, 그것은 역사 지식의 누적을 통하여 역사의 경험을 배워 그것으로써 행동의 표준을 삼았기 때문이다. 신화적인 부분 이외에 그들의 경험은 실제세계를 초월하지 않았기 때문에 그들의 학습의 교훈은 인간의 활동이 주가 되었던 것이다. 『춘추좌전』의 "천도는 멀고, 인도는 가깝다."[12]라고 하는 기록은 바로 이러한 사실을 잘 대변하고 있는 것이다.

유가집단의 또 다른 주요한 사회모체인 '사士'에 대해서는 유가집

11) 白川靜, 『孔子傳』, 東京, 中央公論社, 1989년, 99쪽 참조.
12) 『春秋左傳』, 「昭公十八年」, "天道遠, 人道邇."

단의 성립이 '유'와 '사'계층의 융합이라고 하는 측면에서 조명하고자 한다. '사'라는 글자는 갑골문 속에서 이미 나타나기 시작하고 있으며, 상나라 시기에는 '사'자와 '왕'자가 거의 같은 의미로 쓰였다. 그러므로 '사'와 '왕'의 원래 글자는 모두 특권계층의 상징을 의미하는 것이었다고 할 수 있는 것이다. 왕권의 강화에 따라 이러한 원래 글자는 '사'와 '왕'의 두 글자로 분화되어 그것들의 구분을 나타내게 되었다.[13] 서주시기에 와서는 '사'자는 제사의례를 담당했던 관직을 지칭한 것처럼 보이지만 이러한 해석은 아직까지 정설로 인정받지 못하고 있다.

춘추시대에 이르러 '사'라는 명칭에는 새로운 함의가 부여되어 역사의 무대에 다시금 출현한다. 춘추시대의 '사'는 '국國'과 '도都' 등에 거주하던 씨족 공동체의 성원이었다. 그들은 평상시에는 공동체의 연장자로부터 '예禮'와 활쏘기 및 전차 몰기 등을 배우지만, 일단 전쟁이 발발하면 자신의 무기를 휴대하고 전장으로 출동하였다. 이러한 '사' 계층은 기본적으로 통치계층에 속했다고 할 수 있다. 또한 서복관徐復觀 같은 경우는 『시경』 속에 나오는 '사' 개념의 분석을 통하여 '사' 계층의 변천과정을 분석했는데 다음과 같다.

> '사'는 본래 '국인國人' 가운데의 농민이었다. 철기를 사용하기 전에는 농기구로 경작을 할 때 반드시 농민들 가운데 건장한 자가 필요했다. 그러므로 '사'는 원래 농민 가운데 특별히 건장한 자를 지칭하는 것이었다. 당시에는 항상 이처럼 건장한 농민을 선별하여 '갑사甲士'로 삼았기 때문

13) 河池重造, 「先秦時代'士'の諸問題」, 『史林』 卷四十二, 1959년, 4~6쪽 참조.

에 '갑사'를 '사'라고 불렀던 것이다. 단 평시의 직업은 여전히 농업이 주가 되었다. 다시 '갑사' 가운데 귀족의 하급관료로 선발된 사람들이 있었는데 그들을 상사上士 · 중사中士 · 하사下士라고 불렀으며 농사일에서 벗어나기 시작하여 군대 조직의 기본 골간을 이룬다. 또한 귀족을 위해 일하는 사람들 가운데 농사일을 그만둔 사람들도 '사' 집단의 일부로 편입된다. 대부분의 '사' 및 그의 가족들은 농사일과 연결되어 있었다. 그러나 '갑사'를 '사'라고 불렀고, 하급관료 역시 '사'라고 불렀기 때문에 '사'의 명칭에는 점진적으로 농민 가운데의 건장한 사람이라고 하는 본래의 의미가 사라지게 된다. 춘추시대에 와서는 전문적으로 각종 통치기술에 대하여 추구하는 사람들이 출현하여 정치의 예비군이 되어 농사일에는 손을 떼게 된다.[14)]

서복관은 비록 명확하게 지적하지는 않았지만 '사'가 피통치계층에 속하는 것처럼 여기고 있다. 또한 여영시余英時는 춘추시대 말기에 이르러 '사'는 귀족에도 속하지 못하고 그렇다고 서민에도 속하는 것도 아닌 중간계층이라고 생각했다.

귀족계급들 가운데는 지위가 부단히 하강되어 '사'가 되는 경우도 있었고, 특히 서민계급에서는 많은 사람들이 지위가 상승되어 '사'가 되어 '사' 계층은 확대되었으며 성질도 변화하기 시작했다. 가장 중요한 것은 '사'는 이미 다시는 고염무가 언급한 것처럼 '대체로 모두 직책이 있는 사람'이 될 수 없었다. 반대로 '사'는 고정된 봉건관계 속에서 떨어져 나오게 되어 '사'는 정착하지 않는다고 하는 상태로 진입하

14) 徐復觀, 「封建政治 · 社會的崩潰, 及典型專制政治的成立」, 『新亞書院學術年刊』 第十一期, 香港, 1969년, 18쪽 참조.

게 된다.[15)]

서복관이 지적한 것처럼 춘추시대 말기에는 통치계층과 피통치 계층 사이에 '사' 계층에 속하는 사람들이 갈수록 증가해가고 있었다. 비록 '사' 계층의 상당수에 해당하는 인원이 부득이하게 농업에 종사하여 생활을 유지하고 있기는 했지만 그들은 신분상승을 통한 통치계층의 성원으로의 진입기회를 포기한 것은 아니었다. 그래서 여영시 같은 경우 "이러한 때 사회에 학문과 지식을 갖춘 '사' 계층의 사람들이 대규모로 출현하였으며, 그들은 관료사회로의 진출을 전업으로 삼았으나, 사회적으로는 고정된 직위가 그들을 기다리고 있지는 않았다. 이러한 상황 아래서 관직의 문제가 발생한 것이다."[16)]라고 언급한 것이다.

춘추시대 말기에 전체 '사' 계층은 개별적인 관직에로의 진출 방식을 통하여 정치세력을 결성하게 되며, 이러한 정치세력은 춘추시대 말기에서부터 전국시대 초기에 연이어 성립된 새로운 형태의 국가의 기반이 되었다. 그렇다면 '사'는 과연 어떻게 이러한 새로운 형태의 국가에서 관직을 구했을까? 그들은 '사' 계층에 속한 것에 불과했기 때문에 순조롭게 관직에 진출 할 수는 없었다. 그래서 그들은 우선 새로운 형태의 국가에서 필요로 하는 각종의 기능과 전문지식을 배워야 했다.

15) 余英時, 『中國知識階層史論』, 臺北, 聯經出版事業公司, 1980년, 22쪽 참조.
16) 余英時, 『中國知識階層史論』, 臺北, 聯經出版事業公司, 1980년, 22~23쪽 참조.

3. 유가집단의 형성

이상과 같은 논거들의 결과를 기반으로 하여 다음과 같은 즉 유가는 왜 성립되었을까? 및 유가는 어떤 성립과정을 거쳤을까? 라고 하는 문제들을 중심으로 유가집단의 형성에 대하여 살펴보도록 하겠다. 상기의 문제들에 대한 선결과제로서 우선 이미 언급한 '사회모체'와 '지식전통' 등은 과연 어떠한 요인과 상호 결합하여 유가집단의 성립을 촉진시켰을까? 라고 하는 문제를 풀어야만 한다고 생각한다. 이러한 문제에 대하여 결론적으로 다음과 같은 세 가지 이유를 들어보겠다.

하나는 새로운 형태의 국가에서는 유능하고 믿음직한 인재가 상당히 많이 필요했다는 점이다. 다른 하나는 상류층인 귀족계층에 속하지도 않고 서민계층에도 속하지 않는 피통치계층인 '사' 계층이 대규모로 출현했다는 점이다. 끝으로 각 국에서는 학교의 역할이 퇴색됨과 동시에 전문지식을 보유한 씨족집단 역시 그러한 전문지식을 유지 전수하는 것이 어려운 처지에 놓이게 되는 곤경이 생겼다는 점이다.

먼저 첫 번째 이유에 대하여 서술해보겠다. 즉 새로운 형태의 국가에서 요구하는 인재는 대략 뛰어난 전투 지휘능력을 갖춘 인재와 각종 의례에 대하여 해박한 지식을 갖춘 인재와 축성이나 관개시설에 전문적인 기능을 갖추었으며 각종 천연자원을 잘 관리할 수 있는 인재들이었을 것이다. 전투 지휘능력을 갖춘 인재의 필요성에 대해서는 언급할 필요가 없으며 각종 의례에 대하여 해박한 지식을 갖춘 인재에 관해서 보면 다음과 같다. 당시의 새로운 형태의 국가들에서는 갈수록 규모가 대형화되는 제사의례의 거행이 필요했는데, 이러한 행사를 거행하는 데는 필연적으로 많은 인재가 필요했다. 또한 축성이나 관개시설에 전문적인 기능을 갖추고 천연자원을 잘 관리할 수 있는 인재에 관해서는 국가형태의 변화 추세와 관련지어 볼 수 있는데, 그것은 읍제邑制국가의 형태가 영토국가의 형태로 변화하는 과정에 수반되는 필연적인 결과라고 할 수 있다.[17] 즉 새로운 형태의 국가에서는 신 개척지에서 얻어지는 이익을 유지하기 위해서는 반드시 중간 통치계층(토지와 백성을 제어할 수 있는)의 직위세습화를 방지해야만 했다. 만일 그렇지 않을 경우 중간 통치계층이 관리하거나 지배하는 영역은 '채읍화采邑化' 되어 그것을 바탕으로 세력 확장을 도모하여 일정한 세력이 형성되면 군주의 세력권에서 이탈하거나 상위의 통치계층에 대항하는 결과를 초래할 수 있었기 때문이었다.[18] 그렇기 때문에 상위의 통치자 입장에서는 '봉록제俸祿制'를 도입하여 중간 통치계층의 직위를 비세습화시킨 것이다.

새로운 형태의 국가의 군주는 어떠한 방법으로서 신하들이 자신에게 충성을 굳건히 하도록 했을까? 춘추시대의 말기에는 새로운 형태의 국가의 군주와 '가재家宰' 및 '읍재邑宰' 등 직속부하들 사이의 연대는 상당한 부분에 있어서 약해진 상태에 있었다. 그래서 군주들은 종종 '맹약盟約'의 방식을 통하여 부하들의 배반을 방지하고자

17) 松丸道雄 외, 조성을 역, 『중국사개설』, 서울, 한울 아카데미, 1990년, 55쪽 참조.

18) 增淵龍夫, 『中國古代の社會と國家』, 東京, 弘文堂, 1960년, 436~447쪽 참조.

했다.[19] 그러나 이러한 '맹약'은 본래 신성한 종교의식의 의미가 담겨져 있으나 춘추시대 중기 이후에 이르러서는 점진적으로 상징적인 의례의 형태로 변모되어 갔다. 그러므로 '가재' 및 '읍재' 등 부하의 입장에서 본다면 '맹약'에 복종한다는 것이 도리어 자신에게 불리한 상황을 초래할 수 있게 되기 때문에 그들은 항상 반란을 시도했던 것이다. 여기에서 새로운 형태의 국가에 있어서 가장 경계해야할 만한 사항은 바로 부하의 세력 확대 및 배반에 의한 국가적인 타격이었던 것이다. 그렇기 때문에 새로운 형태의 국가에서는 국가를 위하여 성심 성의껏 일을 할 수 있는 믿음직한 인재가 필요했던 것이다. 원시유가의 '인仁'·'신信'·'충忠' 등의 핵심적인 개념들은 새로운 형태의 국가의 이러한 요구에 부응하기 위해 제시된 것들이다.[20]

유가집단이 발생하게 된 두 번째와 세 번째의 원인은 서로가 관련이 있는 사안이라고 할 수 있다. '사' 계층은 관직을 얻기 위해서 반드시 새로운 형태의 국가에 도움이 될 만한 각종 기술과 전문지식을 학습해야 했으며, 자신이 믿을 만한 인재라는 것을 증명시켜야만 했다. 앞서 언급한 바와 같이 고대 중국에서는 각종 기술과 전문지식을 배울 수 있는 방법이 두 종류 있었다. 하나는 고대의 각 나라에 설치되었던 학교였고, 다른 하나는 각 씨족공동체 사회 내부에서 유지되고 다음 세대로 전수했던 방식이었다. 고대 중국에서 '사관史官'과 '악사樂師' 등의 관직이 세습되었다는 점이 바로 그러한

19) 伊藤道治, 『中國社會の成立』, 東京, 講談社, 1981년, 144~148쪽 참조.
20) 赤塚忠, 『中國古代思想史研究』, 東京, 研文書店, 1987년, 218~223쪽 참조.

사례인 것이다.

양관楊寬 같은 경우 서주시기의 학교와 교육제도는 과거 씨족공동체의 원시적인 교육제도의 발전에서 온 것이라고 하여 다음과 같이 언급했다.

> 서주의 대학은 귀족 구성원들의 집회와 예의 실습과 음악연주와 연회의 예절과 활쏘기를 연습하는 곳이었다. 그렇기 때문에 귀족의 자제들이 성인사회의 생활방식과 필요한 지식과 기능을 배우기 위해서는 이곳이 가장 좋은 실습 장소였다. 당시 귀족생활 속에서 필요한 지식과 기능은 '육예'라고 하는 것으로 예禮·악樂·사射·어御·서書·수數가 있었으나, 예악과 사어 위주였다.[21)]

춘추시대 이전의 통치계층에 있어서 가장 중요한 행사는 '제사'와 '전쟁'이었다. 그래서 어떠한 경우에도 불구하고 그들은 귀족이라면 반드시 '예악禮樂'과 '사어射御'를 배워야만 했던 것이다.

춘추시대 중기 이전에는 '예악'과 '사어' 및 역사기록 등의 전문지식은 대외적으로 철저하게 봉쇄되어 씨족공동체 내부에서만 유지되고 전수되었던 것처럼 보인다. 춘추시대 중기 이후에 명문세족 사이의 권력분쟁과 명문세족의 멸망으로 인하여 각 국의 학교는 활력을 잃게 되었을 뿐만 아니라, 명문세족의 멸망은 동시에 전문적인 기술과 지식을 보유한 수많은 씨족집단의 멸망과 유랑을 초래하게 되었다. 반대로 권력분쟁에서 승리한 귀족들과 같은 경우, 그들

21) 楊寬, 『古史新探』, 北京, 中華書局, 1965년, 207쪽 참조.

은 세력을 더욱 확장시키기 위해서는 더 많은 수의 인재가 필요하다는 것을 느끼고 있었다. 그리고 더욱 중요한 요인은 전통적인 학교와 씨족공동체 내부의 교육으로는 도덕적 소양을 갖춘 인재(믿을 수 있는 인재)를 손쉽게 양성할 수 없었다는 것이다. 이와 같이 유가집단 형성의 역사적 조건들은 이미 성숙되어가고 있었다.

유가집단의 발생 과정에 대하여 공자의 생애와 적절하게 배합하여 구성해본다면 더욱 설득력 있는 사실을 도출할 수 있을 것으로 판단하며, 다음과 같은 단계로 구성하여 살펴보도록 하겠다. 먼저 공자는 '유'라고 하는 씨족집단에서 태어나고 여기에서 각종 제사의 례를 배운다고 하는 단계이다. 그 다음은 공자가 정치에 참여하며 정치세력을 조성하는 단계인데, 이 시기의 공자는 정치적으로 큰 성공을 거두지는 못한다. 끝으로 공자 만년의 단계인데, 이 시기는 공자가 자신의 정치세력을 학문단체로 전환시키고 자신은 인재육성을 담당하는 단계이다.

먼저 우리는 공자가 출생한 씨족집단이 '무격巫覡'인가 아닌가의 문제에 집착할 필요가 없을 것이다. 왜냐하면 당시에는 '무격' 씨족의 구성원이 정치에 참여하지 못할 하등의 이유가 없었기 때문이다. 중요한 것은 공자 자체가 '예禮'의 전문가로서 정치적 활동을 시작했다고 하는 사실이다.

다음은 공자의 정치적 활동에 대한 정의의 문제다. 순자 이래로 공자의 정치적 활동은 종종 노魯나라 집권층을 옹호한 것으로 인식되어져 왔다. 그러나 『논어』에 기재되어 있는 각종 기록들은 우리들에게 이러한 견해에 대하여 의심을 하게 만든다.[22] 그러나 반대로 부득불 『순자』 이후 공자에 관련된 기록들은 진한秦漢시기 이후의 황제 중심의 가치관과 섞여 있는 것이라는 혐의가 있다고 볼 수도 있는 것이다.[23] 그렇기 때문에 춘추시대의 상황을 고려한다면 즉 춘추시대의 각 국의 공실公室은 반드시 복종해야하는 대상이 아직은 아니었을 때 공자와 자로子路 등의 제자들은 하나의 정치세력을 이루고 있어 때로는 노나라를 위해서 일을 하기도 하고 때로는 계씨와 양호 등 주요한 정치세력들과 협력을 했다고 말 할 수 있는 것이다.

그러나 노나라에서 정치에 참여했던 시기의 공자는 삼환三桓의 정치적 맞수가 되지 못했기 때문에 공자는 부득이하게 외국으로 도피할 수밖에 없었으며, 심지어는 환퇴桓魋나 광인匡人들 등의 공격을 받기도 한다. 공자의 집단이 공격을 받을 수밖에 없었던 주요한 원인은 공자의 정치세력이 위衛나라 등 외국에서 지속적으로 정치적 활동을 전개했기 때문이라고 판단된다.[24]

공자가 만일 계속해서 현실 정치에서 성공을 견지할 수 있었다면 중국의 역사 속에서 등장했던 수많은 정치세력들처럼 역사의 무대에서 소실되었을 것이다. 사실 공자의 위대한 점은 그러한 정치세력을 학문단체로 전환을 시킨 것에 있다고 할 수 있다. 이렇기 때문에 공자의 집단은 역사에서 소실되지 않았을 뿐만 아니라 새로운

22) 『논어』의 기록에 의하면 공자는 공산불요公山不狃의 반란에 동참하려 했으며(양화편), 또한 필힐佛肸의 초청에도 응했으며(양화편), 양호陽虎의 관직 제의에 승낙을 했다(양화편).

23) 小倉芳彦, 『中國古代政治思想研究』, 東京, 青木書店, 1970년, 252~254쪽 참조.

24) 白川靜, 『孔子傳』, 東京, 中央公論社, 1989년, 38~54쪽 참조.

역사의 조류를 열었다고 할 수 있는 것이다.

> 공자가 진나라에 계실 때 말씀하셨다. 돌아가자! 돌아가자! 내 고장의 젊은이들은 뜻은 너무 크나 일에는 거칠고, 아름답게 겉모양을 이루기는 했으나 일을 재량하는 방법은 알지 못한다.[25]

공자가 만년이었을 때 언급한 위의 인용문의 의미는 바로 공자 자신은 정치에 더 이상 참여하고 싶지 않고 오직 가르치는 일에만 전념하겠다는 의미이다. 바꿔 말하면 공자는 자신에게 속한 집단의 성격을 이미 거대해진 정치세력을 위하여 인재를 제공하는 학원의 성격으로 바꾸겠다는 것이다. 이렇게 함으로써 다시는 정치적으로 박해를 받지 않고, 반대로 이로부터 각종 정치집단들 즉 새로운 형태의 국가의 군주들로부터 정치적인 보호와 경제적인 지원을 받을 수 있었을 것이다. 이와 같이 볼 때 공자집단의 이러한 결단은 유가가 향후 중원세계 전체로 그 세력을 확대시켜 나갈 수 있는 획기적인 전환을 가져왔다고 할 수 있는 것이다. 이러한 전환은 바로 유가가 사상가 집단으로서의 자리 매김 했음을 의미하는 진정한 출발점이 된다고 할 수 있는 것이다.

이상과 같이 볼 때, 춘추시대는 씨족공동체 사회가 와해되는 시기였으며, 이와 동시에 전문적인 기술(예악, 시서, 관개기술 등)을 구비한 씨족집단이 정치세력간의 투쟁에 휘말려 들어가는 한편 씨족집

25) 『論語』, 「公冶長」, "子在陳曰: 歸與! 歸與! 吾黨之小子狂簡, 斐然成章, 不知所以裁之."

단이 해체되거나 멸망하는 시기이기도 했다. 이러한 추세에 따라 중국의 각 지역에서는 혈연을 초월한 전문적인 지식과 기술을 겸비한 집단이 탄생하게 된다. 공자의 집단도 그러한 집단들 가운데의 하나라고 할 수 있다. 그러나 이러한 집단들이 또한 정치세력의 특성을 가지고 있었기 때문에 역사의 무대에서 반복적으로 뜨고 가라앉았던 것이다. 즉 어떤 집단은 그 세력을 확대시켜나가고 어떤 집단은 멸망의 길을 밟았던 것이다. 이러한 상황들 속에서 공자의 집단만이 국가조직의 주체가 되려고 하는 의지를 과감하게 포기하고 새로운 형태의 국가에서 필요로 하는 인재(믿을 수 있는 인재) 양성의 역할을 담당하게 된다.

공자와 원시유가집단의 이러한 선택은 유가집단의 파격적인 발전을 수반하였다. 그러나 원시유가집단이 발전했던 이러한 종류의 방향은 그들과 전국시대의 국가들 사이에 긴밀한 의존 관계를 조성하게 된다. 또한 이러한 의존 관계는 전국시대에 활약했던 유가사상가들의 행동과 정치사상의 기본적인 요인이 되었던 것이다.

4. 맺는 말

이상과 같은 논의들을 근거로 유가의 기원문제에 대하여 다음과 같은 사실을 살펴볼 수 있었다.

먼저 유가집단의 연원에 관한 문제에 대하여 유가학파의 세 가지 사상연원 즉 '유'·'사'·'시약'의 측면과 유가집단의 주요한 사회적

모체로서의 '사'의 실태 측면의 두 부분으로 나누어 살펴보았는데 다음과 같다.

춘추시대의 '유'는 '무술' 등 제사 의례와 관련된 전문적인 지식과 기술을 보유하고 있었던 씨족집단이었을 것으로 생각된다. 그들 가운데 국가차원의 대규모적인 제사의 진행 및 준비를 담당하는 '대유大儒'와 민간차원의 소규모적인 제사의 의례를 담당했던 '소유小儒'가 있었을 것이다.

제사의례용 노래로서의 시는 '신神'에게 봉헌 드리기 위한 의식에 사용되었으며, 서주시기 말기에는 '시'의 창조는 제사의례용 노래의 범주에서 독립하여 인간의 창조적 사고의 시작이 '시'의 방식으로 나타난다. 또한 원시유가에서 '음악'을 중요시한 이유는 음악 자체가 가지고 있는 신비한 성질과 음악을 연주하는 악사가 신비한 음악의 연주자 일뿐만 아니라 고대 지식의 전달자였기 때문이다.

'사史'의 지식전통과 원시유가의 관계는 『상서』 가운데의 가장 일찍 성립되었다고 간주되고 있는 「오고」 등의 역사기록을 참고한 점에서 볼 수 있다. 춘추시대에는 각 나라에 사관史官이 있었는데, 그들은 한편으로는 서주시기 이래의 기록을 전수 받아 보존하는 작업을 하였으며 동시에 자신들 역시 역사를 기록하는 작업을 했었다. 또한 원시유가의 합리적인 사고방식은 역사 공부를 통하여 터득된 것인데, 그것은 역사 지식의 누적을 통하여 역사의 경험을 배워 그것으로써 행동의 표준을 삼았기 때문이다.

다음은 유가는 왜 성립되었을까? 및 유가는 어떤 성립과정을 거쳤을까? 라고 하는 물음들을 중심으로 유가집단의 형성 문제에 대하여 살펴보았는데 다음과 같다.

새로운 형태의 국가에서는 뛰어난 전투 지휘능력을 갖춘 인재와 각종 의례에 대하여 해박한 지식을 갖춘 인재와 축성이나 관개시설에 전문적인 기능을 갖추었으며 각종 천연자원을 잘 관리할 수 있는 인재들이 필요했다. 이러한 능력들 이외에도 국가를 위하여 성심 성의껏 일을 할 수 있는 믿음직한 인재 역시 필요했다. 그래서 원시유가에서는 새로운 형태의 국가의 이러한 요구에 부응하기 위해 '인仁'·'신信'·'충忠' 등의 핵심적인 개념들을 제시한 것이다.

춘추시대 중기 이전에는 '예악'과 '사어' 및 역사기록 등의 전문지식은 대외적으로 철저하게 봉쇄되어 씨족공동체 내부에서만 유지되고 전수되었던 것처럼 보인다. 춘추시대 중기 이후에 귀족들 사이의 권력투쟁과 명문세족의 멸망으로 인하여 각 국의 학교는 활력을 잃게 되었을 뿐만 아니라, 동시에 전문적인 기술과 지식을 보유한 수많은 씨족집단의 멸망과 유랑을 초래하게 되었다. 반대로 권력분쟁에서 승리한 귀족들과 같은 경우, 그들은 세력을 더욱 확장시키기 위해서는 더 많은 수의 인재가 필요하다는 것을 느끼고 있었다. 그러나 전통적인 학교와 씨족공동체 내부의 교육으로는 도덕적 소양을 갖춘 인재(믿을 수 있는 인재)를 손쉽게 양성할 수 없었다. 이와 같이 유가집단 형성의 역사적 조건들은 이미 성숙되어가고 있었다.

정리해서 말하면 춘추시대는 씨족공동체 사회가 와해되는 시기였으며, 이와 동시에 전문적인 기술(예악, 시서, 관개기술 등)을 구비한 씨족집단이 정치세력간의 투쟁에 휘말려 들어가는 한편 씨족집단이 해체되거나 멸망하는 시기이기도 했다. 이러한 추세에 따라 중국의 각 지역에서는 혈연을 초월한 전문적인 지식과 기술을 겸비한 집단이 탄생하게 된다. 공자의 집단도 그러한 집단들 가운데의 하나라고 할 수 있는 것이다.

참고문헌

朱公遷,『詩經義疏』,『四庫全書』本.

孫星衍,『尙書今古文注疏』,『平津館叢書』本.

劉寶楠,『論語正義』,『續皇淸經解』本.

焦循,『孟子正義』,『焦氏遺書』本.

趙汸,『春秋左氏傳補注』,『通志堂經解』本.

許愼撰, 段玉裁注,『說文解字注』, 上海, 上海書店, 1992년.

木村英一,『孔子と論語』, 東京, 創文社, 1971년.

白川靜,『孔子傳』, 東京, 中央公論社, 1989년.

H.G.Creel,『孔子與中國之道』, 太原, 山西人民出版社, 1993년.

趙起彬,『論語新探』, 北京, 人民出版社, 1976년.

匡亞明,『孔子評傳』, 濟南, 齊魯書社, 1985년.

錢穆,『孔子與論語』, 臺北, 聯經事業公司, 1988년.

余英時,『中國知識階層史論』, 臺北, 聯經出版事業公司, 1980년.

李澤厚,『中國古代思想史論』, 北京, 人民出版社, 1986년.

徐復觀,『中國人性論史』, 臺北, 臺灣商務印書館, 1990년.

牟宗三,『中國哲學十九講』, 臺北, 學生書局, 1991년.

楊寬,『古史新探』, 北京, 中華書局, 1965년.

河池重造,「先秦時代'士'の諸問題」,『史林』卷四十二, 1959년.

增淵龍夫,『中國古代の社會と國家』, 東京, 弘文堂, 1960년.

松本雅明,「古典の形成」,『世界歷史』卷四, 東京, 岩波書店, 1970년.

小倉芳彦,『中國古代政治思想硏究』, 東京, 靑木書店, 1970년.

伊藤道治,『中國社會の成立』, 東京, 講談社, 1981년.

赤塚忠,『中國古代思想史研究』, 東京, 研文書店, 1987년.

高木智見,「春秋時代の神人共同體について」,『中國-社會と文化』集五, 1990년.

徐復觀,「封建政治・社會的崩潰, 及典型專制政治的成立」,『新亞書院學術年刊』第十一期, 香港, 1969년.

H.Fingarette, 송영배 역,『공자의 철학』, 서울, 서광사, 1993년.

시라카와 시즈카 저, 장원철 역,『사람의 마음을 움직여 세상을 바꾸리라』, 서울, 한길사, 2004년.

松丸道雄 외, 조성을 역,『중국사개설』, 서울, 한울 아카데미, 1990년.

제 8 장

유가사상의 제도적 배경

1. 시작하는 말

고대 중국에서 발생하였으며, 유가사상의 제도적 배경이 되었던 종법제도宗法制度와 종법사상宗法思想은 의미상에 있어서 다른 모습을 보이고 있다. 즉 종법사상이란 혈연관계를 근원으로 형성된 관습적인 관념을 의미하는 것으로 가족 관념이나 효제孝悌나 윤리 등을 그 예로 들을 수 있다. 이러한 사상은 가족단위의 소규모 농업경제 체제와 밀접한 관련이 있었기 때문에 봉건시기 전반에 걸쳐서 유구한 생명력을 가지고 있었다. 종법제도라는 것은 일종의 제도로서 명문으로 규정되어 있으며 정치적 필요에 의해서 만들어진 것이라고 말할 수 있다. 또한 이러한 제도의 경제적 기초는 바로 토지소유제에 있다고 말할 수 있다.

중국의 봉건제도는 유구한 역사 속에서 많은 변화를 겪었는데, 그것의 경제적 기초가 되는 토지제도는 시대에 따라 다양한 형태로 나타나고 있으며, 종법관계 역시 이에 상응하는 변화가 수반된다.

종법사상은 일종의 의식형태의 범주에 속한다고 할 수 있다. 그러나 이것이 제도로 만들어져 봉건사회시기에 출현하게 된다면 종법은 정치체제를 이루는 주요한 성분으로 변하게 되는 것이다. 의식형태로서의 종법사상과 백성을 통치하기 위한 정치제도로서의 종법제도는 경제적 기초가 없이는 모두가 그 존재적 가치를 상실하게 된다고 말할 수 있을 것이다.

고대 중국 유가사상의 제도적 배경이 되었던 종법제도에 대하여 특히 서주西周시기의 종법제도를 중심으로 당시의 정치적 경제적 관계 속에서 그것이 과연 어떤 형태로 봉건영주제도에 종속되었으며, 또한 그것이 어떠한 과정을 거쳐서 유가사상 의식형태의 기본 토대를 이루었는가에 중점을 두어 살펴보도록 하겠다.

2. 종법제도와 분봉작위

고대 중국의 종법제도는 가부장家父長제도에서 변화되어 온 것이라고 할 수 있다. 본래 종법제도는 오랜 시간에 걸쳐 형성되어진 제도인데 서주西周시기에 이르러 정치·경제시스템의 변화에 따라 보다 완정한 형태로 자리 잡는다. 서주시기의 종법제도는 주로 귀족계층을 중심으로 종가大宗와 분가小宗 그리고 적장자제 형태로 나타난다. 이 시기의 종법제도는 당시의 경제 및 정치체제와 밀접하게 관련되어 있었다고 할 수 있다. 서주시기에는 이러한 전형적인 종법제도와 세습적 분봉제도分封制度가 서로 섞여 있었다. 당시의 통치자들이 이러한 종법제도를 제정한 것은 각급 귀족들의 작위와 토지 그리고 백성 등의 체제를 지속적으로 유지시키고 최종적으로는 서주의 봉건 통치 질서를 공고히 하는데 그 목적이 있다고 볼 수 있다.

서주西周사회의 성질에 관하여 혹자는 봉건제 사회라고 주장하기도하고 혹자는 노예제 사회라고도 하는 등 저마다 이견이 분분한 가운데 아직까지 명확한 정설이 확정되지 않았다고도 말할 수 있을 것이다.

종법제도는 종가大宗과 분가小宗 및 적장자제도를 명확하게 구분하고 그것을 근거로 하여 각급 귀족자손들에게 신분에 맞는 세습봉토와 작위를 수여하는 것을 중심으로 하는 제도라고 말할 수 있다. 주나라 시기의 군왕은 스스로를 천자天子라고 하였으며 왕위를 장자에게 물려주는 장자 상속제를 시행했다. 주나라 천자는 혈연관계의 측면에서 본다면 종가大宗임과 동시에 온 천하 귀족들의 가장 높은 가장家長이 되었으며, 정치적인 측면에서 본다면 천하의 최고 주재자로서 온 천하의 백성들은 모두 그의 통치를 받아야했다. 이러한 사실에 관해서는 『시경詩經』에 "어디를 가나 왕의 신하 아닌 사람이 없다."[1]라는 언급 속에 잘 나와 있다.

주나라 천자는 자신의 장자를 제외한 아들과 서자를 제후로 봉하는데, 이들은 혈연관계의 측면에서 본다면 제후는 천자에 대하여 분가小宗가 되지만 자신의 국가에서는 종가大宗가 되며, 정치적인 측면에서 본다면 제후는 한 국가를 주재하며 또한 제후의 지위를 그의 적장자에게 세습시키기도 하였다.

또한 각 국의 제후는 자신의 장자를 제외한 아들과 서자를 대부大夫로 봉하는데, 혈연관계의 측면에서 본다면 대부는 제후에 대하여 분가小宗가 되지만 자신의 통치영역家에서는 종가大宗가 되며 대부의 지위를 그의 적장자에게 세습시켰다. 대부로부터 사士계층에 이르기까지 종가와 분가의 계승제도는 천자와 대부의 그것과 같았다. 이와 같이 천자는 주왕실의 적장자가 되고 제후는 한 국가의 적장자가 되고 대부는 일정한 통치영역家의 적장자가 된다. 천하와 한 국가 그리고 한 가家에서 종가大宗만이 적장자가 될 수 있었으며,

1) 『詩經』, 「小雅」, "率土之濱, 莫非王臣."

그들에게만 천하와 국가 그리고 가家를 장악할 수 있는 권리가 주어졌다. 이처럼 서주西周의 종법제도는 혈연관계를 매개로 한 종족조직 이었을 뿐만 아니라 통치계층의 계급조직으로 엄격한 등급성을 갖추고 있었다.

이러한 종법제도를 종적인 측면에서 본다면 가신家臣은 대부를 종가로 삼고 대부는 제후를 종가로 삼고 제후는 천자를 종가로 삼는 주종관계는 시간이 지남에 따라 점차 고착화된 성격을 가지게 된다. 또한 종법제도를 횡적인 측면에서 본다면 각각의 크고 작은 국가의 제후들 및 대부들 사이에 종속관계가 존재하는데, 그 실례는 『춘추좌전春秋左傳』에 "우나라는 진나라를 종가로 삼았다."[2]와 『맹자孟子』의 "등나라는 노나라를 종가로 삼았다."[3] 등지에 잘 나타나있다. 이러한 종법제도 가운데는 동성지간의 관계 이외에 혼인을 통하여 형성되는 새로운 인척관계가 출현하여 종법관계의 외연은 이성異姓과의 관계로 더욱 확대되어간다.

이와 같이 서주西周의 종법제도는 점차 당시의 귀족가문들 사이의 상호 연결 수단으로 바뀌어간다. 아울러 이러한 시기의 종법제도는 단순히 조상을 추모하여 제사를 함께 모시는 혈연조직에서 그치지 않고 더욱 중요한 정치적 경제적 함의를 갖춘 국가 통치기구의 중요한 부분으로서 자리 매김을 하게 되었다.

종법제도는 혈연관계의 부분에서는 종가의 적장자 세습제를 시행하고, 작위爵位부분에서는 전자와 서로 호응을 이루어 천자나 제

2) 『春秋左傳』, 「喜公五年」, "如虞以晉爲宗."

3) 『孟子』, 「滕文公上」, "滕以魯爲宗."

후 그리고 대부의 작위도 세습제를 시행하며, 종가와 분가는 혈연 관계의 측면에서 볼 때 형제관계를 이루고 있다. 그리고 정치적인 부분에서는 군신관계로 직분에 어긋나는 행위를 할 수 없었다. 또한 이러한 종법제도가 지속적으로 유지될 수 있었던 것은 분봉分封을 통해서였다.

분봉分封이라는 의미 속에는 작위와 토지 그리고 백성들까지 포함되어 있으며, 분봉의식은 일반적으로는 성대한 의식을 통하여 거행되는데 구체적으로는 천자나 제후에 의해서 분봉대상자에게 작위와 토지 및 백성들이 수여되는 것까지 포함되어있다고 할 수 있다. 『춘추좌전春秋左傳』에 언급되어 있는 "천자가 나라를 세워주고, 제후가 가家를 세워주고, 경卿이 측실을 설치하고, 대부는 종가가 두 개 있다."[4]라는 언급 속에서 천자는 제후에게 국國을 분봉해주고, 제후는 경卿이나 대부에게 분봉을 해주는 것과 같이 위에서 아래로 등급별로 분봉이 이루어지고 있음을 알 수 있다.

분봉제도에 있어서 제일 중요한 것은 토지와 백성에 대한 분봉인데, 이 시기의 온 천하의 토지는 명목상 모두 천자 개인의 소유였다. 이러한 사실에 대해서는 『시경詩經』에 기록되어 있는 "하늘 아래 왕의 땅이 아닌 곳이 없고, 어디를 가나 왕의 신하 아닌 사람이 없다."[5]라는 언급이 충분한 반증이 될 수 있을 것이다. 제후국에서도 역시 위와 같은 상황이 발생했는데, 그 실례로 『춘추좌전春秋左傳』에는 "봉토 안에서 군주의 땅이 아닌 것이 어느 것이며, 봉토 안에서 나

4) 『春秋左傳』, 「喜公五年」, "天子建國, 諸侯立家, 卿置側室, 大夫有貳宗."
5) 『詩經』, 「小雅」, "溥天之下, 莫非王土, 率土之濱, 莫非王臣."

는 곡식을 먹는 이들 가운데 군주의 신하가 아닌 사람이 누구인가"[6]라고 기록되어져 있다. 위의 인용문 가운데 백성臣과 토지는 서로 대응의 관계라고 할 수 있다. 즉 각급 귀족들이 토지를 분봉 받을 때 그 토지에 살고 있는 농민들도 함께 부여받았다.[7]

이러한 분봉시스템은 다음과 같이 위로부터 아래로 내려 갈수록 분화되는 양상을 띠는데 좀 더 구체적으로 언급하자면 다음과 같다. 즉 천자가 제후에게 토지와 백성을 하사한 것을 '봉읍封邑'이라고 하며, 제후가 천자로부터 하사 받은 '봉읍'의 일부를 경卿이나 대부大夫 등에게 나눠준 것을 '채읍采邑'이라고 하며, 경卿이나 대부大夫가 제후로부터 하사 받은 '채읍'의 일부를 서자 등에게 나눠준 것을 '녹전祿田'이라고 한다.[8] 이와 같은 분봉시스템의 단계별 분화의 결과로 천자로부터 제후 및 대부에 이르는 모든 지배계층은 각기 적거나 혹은 많은 양의 토지를 점유하게 되었다. 이러한 봉토를 부여받은 각급 귀족들과는 달리 일반 백성들은 귀족들의 토지를 빌려 소작을 하며 생계를 이어나갔다. 당시의 상황은 "대부는 식읍을 통해서 생계를 유지하고, 사인들은 식전을 통해서 생계를 유지하고, 일반 백성들은 노동을 통하여 생계를 유지한다."[9]라고 언급된 것에

6) 『春秋左傳』, 「昭公七年」, "封略之內何非君土, 食土之毛, 誰非君臣."

7) 여기에서의 '신臣'자의 의미는 은상殷商시기에 처음에는 포로의 의미로 쓰이다가 후에 노예의 의미로 변화된다. 서주西周시기에 이르러서는 어떤 경우에는 노예의 의미로 쓰이기도 하고 또 어떤 경우에는 토지관계의 변화에 따라 농노의 의미로 쓰이기도 한다.

8) 각급 귀족들의 봉토를 모두 '읍邑'이라고 불렀는데 구체적으로는 '봉읍封邑', '채읍采邑', '가읍家邑' 등이 있었다. 혹자는 경卿이나 대부大夫의 봉토를 '채읍'이라고 부르기도 하고 어떤 경우에는 대부의 봉토를 '사읍私邑'이나 '가읍家邑'이라고 부르기도 했으며, 이들 봉토는 모두 세습되었다.

잘 묘사 되어있다.

앞서 이미 언급한 것처럼 토지는 귀족들의 작위에 맞춰 지급되는 한편 그 토지에 소속되어 있는 백성들까지 지급되는 것이 일반적인 상황이었는데,[10] 성왕成王 재위시절에 주공周公의 아들을 노魯나라에 책봉한 것이 그 좋은 예이다. 즉 "성왕께서는 주공에게 숙부님 당신의 맏아들을 세워 노나라 제후를 삼으오니, 당신의 나라 땅 크게 일구어 주나라 왕실을 보좌하여 주소서. 노공께 명하시어 동녘 땅 제후를 삼으시고 산천과 논밭과 성을 내려 주셨다."[11]에서 볼 수 있듯이 노나라 제후에게 채읍을 내려줄 때 산천을 포함한 토지와 함께 그 영토에 포함된 백성들까지도 부여한 것이다. 또한 주나라 선왕宣王이 한韓나라의 제후를 책봉할 때 역시 비슷한 내용이 있는데 다음과 같다. "선왕께서는 한나라 제후에게 맥지역을 내려주셨다. 북쪽 나라들을 모두 다 맡아 그곳 어른이 되셨다. 성을 쌓고 해자를 파며 경지를 정리하고 조세를 정하였다."[12] 즉 이것은 북쪽 지방에 책봉된 한나라의 제후는 자신의 영지에 속하게 된 맥족을 자국의 백성들로 받아들이고 성을 축조하여 외침에 대비하고 토지를 정비하여 농민들에게 나눠주고 인구조사를 통하여 조세와 부역을 정했다는 의미이다. 이상과 같이 열거한 두 예문에서 볼 수 있듯이 당시 책봉과정 속에서 제후들은 토지와 함께 그 토지에 소속된 백

---

9) 『國語』, 「晉語四」, "大夫食邑, 士食田, 庶人食力."

10) 侯志義, 『采邑考』, 西安, 西北大學出版社, 1989년, 29쪽 참조.

11) 『詩經』, 「魯頌・閟宮」, "王曰叔父, 建爾元子, 俾侯于魯, 大啓爾宇, 爲周室輔. 乃命魯公, 俾侯宇東, 錫之山川, 土地附庸."

12) 『詩經』, 「大雅・韓奕」, "王錫韓侯, 其延其貊, 奄受北國, 因以其伯, 實墉實壑, 實畝實籍."

성들까지 분봉 받았음을 알 수 있다.

각급 귀족들의 봉읍封邑은 그 수량에 있어서 제각각이었는데, 경卿 계층의 경우 약 백여 개 정도의 봉읍을 소유하고 있었고, 대부 계층의 경우 봉읍이 수십 개에 달했다.[13] 춘추시대 이전의 각 제후국들의 영토는 서로 멀리 떨어져 있었으며 그 규모 역시 제각기 달랐다. 영토의 규모가 비교적 큰 나라로는 제齊나라와 노魯나라 그리고 진晋나라와 송宋나라 등이었는데 그 영토의 크기는 수백 리에 달했다. 반면 영토의 규모가 비교적 작은 나라에는 우鄅나라와 추鄹나라 등으로 고작 하나 둘 정도의 읍邑을 가지고 있는 실정이었다. 또한 각 읍의 경우에 있어서도 그 규모가 제각각 이었는데, 적게는 십여 실室에서 많게는 천여 개의 실에 이르는 것도 있었다.[14] 종법제도와 보조를 맞춰 규모가 큰 대읍大邑에 종묘宗廟를 설치하여 조상에게 제사를 올렸기 때문에 대읍을 종읍宗邑 혹은 도都라고 부르는 한편 통치의 중심지로 삼았다.

이와 같이 서주시기에는 황하유역 및 호북湖北 지역 그리고 강소江蘇 북부지역에 걸쳐 많은 군소 제후국들이 난립해 있었는데, 그 가운데 규모가 큰 것은 일반적으로 현재 행정구역의 현縣에 필적할 만했으며 작은 것은 작은 마을 규모에 불과했다.[15] 『사기史記』의

13) 張蔭麟, 『中國史綱』, 北京, 三聯書店, 1955년, 51쪽 참조.

14) 여기에서 실室이란 사士 계층이나 서인庶人 계층이 보유하고 있던 단위를 의미한다. 즉 당시에 천자는 천하를 소유하고 있었고, 제후는 국國을 소유하고 있었고, 경·대부는 가家를 소유하고 있었고, 사와 서인은 실室을 소유하고 있었다.
周谷城, 『中國政治史』, 北京, 中華書局, 1982년, 84쪽 참조.

15) 中國古代史教學小組編, 『先秦史』, 長春, 東北師範大學函授教育處, 1958年,

「주본기周本記」에는 무왕이 맹진孟津에서 열병식을 거행할 때 모인 제후의 숫자 만해도 팔백 여명을 헤아린다고 기록되어 있는 것과, 『여씨춘추呂氏春秋』의 「관세觀世」에 있는 주나라에서 책봉한 제후국이 사백 여 개이며 주나라 왕실에 복종하는 국가가 팔백 여 개라고 하는 기록을 근거로 보았을 때 당시 제후국들의 영토 규모를 짐작할 수 있는 것이다.

각 제후들의 분봉은 세습되는 것이었으며 분봉의식은 매우 성대하게 치러졌는데 이러한 의식을 석명錫命[16]이라고 부른다. 고대 중국에서 작爵이 있는 사람은 반드시 그 위位가 있으며[17], 위位에는 봉록俸祿이 따랐으며 봉록에는 반드시 토지가 수반되었다. 또한 당시 주나라 천자가 제후들에게 내리는 하사품에는 토지와 백성들 이외에 사법권이 있었는데, 이러한 사법권의 사용을 통하여 제후들은 자신의 영토 내에서 통치권을 행사할 수 있었던 것이다. 그리고 상술한 것들 이외에 천자는 제기祭器 즉 종정鐘鼎 같은 것들을 하사하여 제후들로 하여금 사직을 보전할 수 있게 하였으며, 수레나 제복 등 여러 물품들을 하사하여 제후들의 조공에 대한 보상을 실시했다.

또한 당시에는 제후가 죽게 되면 그 자리를 제후의 아들이 승계

145쪽 참조.

16) 주 왕조시절 제후를 책봉하던 제도이다. 즉 천자가 제후의 직책을 책봉할 때 사관이 죽간에 천자의 명을 기록하여 선포하고, 의식을 진행할 때는 주 왕조의 천자가 직접 제후의 직책을 책봉함을 선포함과 동시에 수레와 제복과 제기 등을 하사한다.

17) 고대 중국에서 작爵은 공公・후侯・백伯・자子・남男을 의미하고, 위位는 제후・경・대부・사士를 의미한다.

하였는데, 그때 새로운 제후로서의 지위 계승은 반드시 새로운 석명錫命을 통해서만 이루어졌으며 공식적인 절차를 통하여 계승한 제후만이 자신의 영토에서 통치행위를 할 수 있었다. 서주시기의 이러한 분봉제도는 그 근원을 은상殷商시기에 두고 있지만 엄격한 의미에서의 종법제도 즉 적장자 상속제도는 서주시기에 처음 출현했다고 할 수 있는 것이다.

3. 종법제도와 정치제도

서주시기에 종가와 적장자를 중심으로 하는 종법제도가 출현 하게 된 원인은 어디에 있을까? 그 주요한 원인으로는 정치적인 여건과 경제적인 요인을 들을 수 있을 것이다. 서주시기의 종법제도는 당시의 특수한 정치체제 및 경제적 시스템에 종속되어 있었던 것이라고 할 수 있는 것이다.

본래 서주는 건국초기에 경제적으로나 문화적으로 낙후된 부족국가였으나 후에 자신들보다 더 선진적인 은殷나라 및 기타 제후국들을 정복함으로써 일약 천하의 주인으로 자리 매김을 한다. 이러한 상황 속에서 당시 서주의 통치자들에게 있어서 가장 중요한 관건은 천하를 어떻게 효과적으로 통치할 것인가의 문제였다. 당시 서주의 통치자들이 선택한 효과적인 통치 방법은 각 부족에 서주 통치자의 자손이나 형제들을 파견시켜 민심을 안정시키는 한편 각 부족들의 종가를 승인 해주는 정책을 시행하는 것이었다. 또한 서주 통치자의 자손 및 형제들을 각 부족들의 옛 영토에 제후로 책봉한 결과 많은 수의 크고 작은 제후국들이 출현하게 된다. 이러한 모습이 바로 당시의 정치적 상황의 일반적인 형태였던 것이다. 각 제후국의 제후들은 자신의 영지 내에서 통치권을 행사하는 한편 영토와 백성들 일부를 자신의 신하들에게 나누어 주어 그들로 하여금 영토와 백성을 거느린 영주가 되게 했다. 이와 같이 당시의 천하는 종법제도를 기초로 하는 정치적 네트워크가 형성되어 있었던 것이다.

종법제도와 정치의 관계에 대하여 다음과 같은 설정을 해볼 수도 있을 것이다. 즉 서주가 은殷왕조를 멸망시킨 후에 은나라의 옛 영토에 분봉제도를 실시하는 과정에서 정치적으로는 귀족 등급제도가 가장 먼저 출현했을 것이다. 또한 서주 건국초기에 종법제도는 이미 존재하고 있었지만 정치적인 시스템이 그것을 뒷받침 해주지를 못했을 것이다. 그래서 서주 왕실은 봉건제에 의한 통치 질서의 유지와 차별화 된 정치적 요구에 적응하기 위하여 그것에 상응하는 종법제도를 제정하여 양자를 점진적으로 통합시켜 나갔을 것이다. 이러한 통합의 결과로 종법제도가 정치체제에 종속되는 현상이 발생하게 된다. 또한 서주 왕실이 이러한 체제를 건립한 목적에는 후대의 자손들에게 있어서 봉토와 작위 때문에 발생하게 될 분쟁을 사전에 방지하자는 의도가 있었다고 볼 수 있는 것이다.

이러한 종법제와 정치시스템의 통합은 서주 봉건제도의 중요한 특징으로 자리를 잡아간다. 즉 『상서尙書』의 "구족九族을 친하게 한다.", "백성을 고르게 밝힌다.", "모든 나라를 화평하게 한다."[18] 등의 문구가 좋은 실례가 될 수 있을 것이다. 『상서尙書』가 비록 후대에 만들어진 문헌이지만 그 속에 반영되어 있는 종법제도와 정치적 상황에 대한 모습은 서주시기와 흡사하다고 할 수 있을 것이다.

종법제도와 정치시스템의 통합은 주로 종가와 적장자제도에 체현되는데, 이러한 정치체제는 본래 씨족 사회의 가부장제 혈연조직 형식이 서주의 귀족정치구조와 서로 영향을 주고 받는 과정 속에서 형성된 것이다. 이러한 체제는 다음과 같은 두 가지 측면으로 귀납될 수 있을 것이다. 첫째로 각급 귀족들은 혈연 친소의 종법관계에 따라 정치권력을 분할하는 근거로 삼았는데, 중앙정권의 경우는 천자에게 귀속되고 각급 지방정권의 경우는 각급 귀족들 종가의 적장자에게 귀속되었으며, 분가의 경우 그 몫을 받을 수 없었다. 둘째로 차등적인 종법제도는 차등적인 정치체제의 필요에 종속되는데, 서주 왕실은 정치적 등급질서 유지의 필요 때문에 차등적인 종법제도를 제정했다.

위에서 언급한 목적을 달성하기 위해 어떤 경우에는 혼인을 매개로 하기도 하고 또 어떤 경우에는 연맹의 수단을 통하기도 하여 종법관계를 이성異姓의 제후들에게까지 확대해 나간다. 이때부터 희姬씨 성이나 다른 성을 막론하고 모두 서주 왕실을 종주宗主로 삼게 되는데, 당시에는 이를 종주宗周라고 불렀다. 서주의 통치 네트워크가 구성된 이후로부터 종가와 적장자제도는 통치 네트워크의 총체가 되었다. 그러므로 서주 천자와 동성인 희씨姬氏 성의 제후들은 숙부의 관계로 결성되고 이성異姓의 제후들은 외숙부의 관계로 결

18) 『尙書』, 「堯典」, "以親九族", "平章百姓", "協和萬邦."

성된다. 이와 같이 각종관계를 통하여 씨족 기구가 국가의 통치기구로 변화하게 된다.

앞에서 언급한 방법들을 통하여 서주의 천자는 천하의 종가 즉 씨족의 가장 신분으로 전국의 군권軍權을 비롯한 모든 실권을 장악한다. 이에 대한 『시경詩經』의 "군주로 받들고 존경한다."와 『춘추좌전春秋左傳』의 "군주가 되는 자가 종가가 된다."는 기록이 좋은 실례라고 할 수 있다. 서주 왕실에서 책봉한 각 국의 제후들은 서주 왕실에 대해서는 분가가 되지만, 자국에서는 종가의 신분으로 한 나라의 최고 통치자가 되며 자국의 군권을 비롯한 실권을 장악하게 된다. 경卿과 대부大夫 역시 분봉 받은 채읍 내에서는 군주가 되고 종가가 된다. 결국 위로는 천자로부터 아래로는 제후나 경·대부에 이르기까지 모두가 평시에는 천하와 국가를 통치하는 군주의 신분으로 있다가 전시에는 군의 통수권자가 되기도 한다. 이점에 관해서는 『춘추좌전春秋左傳』에 많은 사례들이 기록되어 있다.

각급 귀족들의 종가에서 중앙과 지방을 아우르는 군사와 정치권력을 장악함으로 말미암아 종족조직은 군사와 정치조직과 함께 삼위일체의 구도를 형성하게 된다. 그러나 이와 같은 특수한 종법 정치체제는 반드시 고도의 중앙집권만을 의미하지는 않는다. 오히려 이와는 반대로 지방의 제후들이 종종 군권 및 정권을 실제적으로 장악하는 경우가 발생하기도 한다.

서주시기의 종법제도와 정치 시스템의 통합에 관해서는 비교적 낮은 지위의 경卿 대부 계층의 가家와 실室의 조직형태를 전형적인 사례로 들어 설명할 수 있다. 즉 경과 대부 계층이 소유한 가家와

실室은 일정한 영토를 점유한 단위임과 동시에 독립적인 지방행정 기구로서 그곳에는 독자적인 사법 및 행정기관이 설치되어 있었다. 종인宗人·가재家宰·사도司徒·사마司馬·공사工師 등을 그 실례로 들을 수 있다.[19] 이들 가운데서 종인과 가재가 핵심이 되는데, 종인은 종족의 관혼상제 및 상속 그리고 군사훈련과 젊은이들의 교육에 대한 업무를 관장했으며, 가재는 '가실家室'의 총관리인으로 '가실'의 재정과 군권에 대한 업무를 관장하고 있었다.[20] 각 제후국들의 상황 역시 대부분 이와 같았다.

종법관계의 형식은 그것의 내용과 작용에 있어서 최종적으로는 봉건제도의 제약을 받기 때문에 토지소유 형식의 변화에 따라 변화 발전한다고 할 수 있다. 즉 귀족 중심의 경제구조가 춘추시대 중기 이후 특히 전국시대로 넘어가면서 점진적으로 와해되어 가는 양상을 띠는 한편 이와 동시에 대지주 중심의 경제구조가 새롭게 대두되고 있었다. 다시 말하면 농업생산방식이 귀족 중심의 집단생산 방식에서 대지주를 중심으로 한 개별생산 방식으로 변화되었다는 것이다. 또한 이와 호응하여 과거 종법제도와 밀접한 관계를 맺고 있던 신분질서의 구조 역시 중대한 변화를 수반하게 된다. 즉 서주 시기의 종법제도와 정치 구조의 통합 시스템은 점차 붕괴의 길을 향하여 치닫게 되는데, 그것은 바로 종법관계가 형성시킨 통치기구의 네트워크가 점차 그 효능을 상실하여 정치체제에 큰 변화가 발생하게 된다. 이때부터 서주의 종법제도는 그 존재의 의미를 상실

19)『禮記』,「曾子問」,「曲禮下」,「月令」 등을 참조.
20)『國語』,「魯語下」 참조.

하게 되고 결국은 역사의 무대에서 사라지게 되는 것이다.

4. 종법제도와 경제제도

서주 건국초기 황하유역에는 광범위한 지역에 걸쳐 자연촌락이 보편적으로 존재하고 있었다. 그 가운데는 이미 멸망한 은나라를 추종하는 부락도 있었고 새로이 건국된 서주를 추종하는 부락들도 있었다. 서주 왕조의 촌락 농민에 대한 통제는 조세제도를 통해서 이루어졌다. 즉 토지를 '공전公田'과 '사전私田'으로 구획하여 농민들에게 공전을 경작하도록 하는 한편 관리를 파견하여 그들을 감독하게 했다.

또한 서주 왕조는 용이한 통치를 위해서 예로부터 전해져 내려오던 혈연조직을 이용하여 종가와 적장자제도를 제정하였다. 그 결과로 종법제도와 정치 시스템의 통합이 발생한 것이다. 이에 본 장에서는 이렇게 특수한 종법정치를 탄생시킨 경제적 배경에 대하여 살펴보도록 하겠다.

서주 왕조는 각 제후들에게 일정한 영토를 할당해주는 분봉제도를 통하여 천하를 통치했지만, 적어도 천하의 모든 땅은 명목상에 있어서는 천자의 소유였다. 천자는 천하의 일부를 제후들에 분봉을 해주고, 제후들은 다시 자신의 영지 가운데 일부를 경卿 대부들에게 분봉을 해주는 엄격한 신분등급에 의한 소유제도였다. 이러한 소유제도는 종법형식과 정치기구의 형식을 내포하고 있었다. 국가에서는 종가와 적장자 계승제도를 제정하는 한편 석명錫命의 예禮를 제정하여 봉건적 신분등급제에 의한 토지 소유 제도를 지속적으로 유지하는 수단으로 삼았다.

서주의 종법제도는 삼백여 년 간 지속되는데, 이 기간에 사회적으로는 많은 수의 노예가 존재했었다. 그 노예들은 일반적으로 지배계층의 집에서 노역을 했을 뿐만 아니라 산업현장 특히 농업생산 역할도 담당했다.

서주의 사회적 형태에 관하여 어떤 학자들은 봉건 영주제 사회[21]라고 주장하기도 하고 또 어떤 학자들은 노예제 사회[22]라고 주장하는 등 각 학자들마다 이견이 분분하다. 그러나 '공전'과 '사전' 및 조세제도에 관한 기록에 대해서는 대부분의 학자들이 공인한다.

'공전'과 '사전'에 관한 최초의 기록은 『시경詩經』, 「대아大雅·한혁韓奕」에 묘사되어 있는 서주 선왕宣王이 한韓나라의 제후에게 북쪽 지방을 분봉하는 과정 속에서 찾아 볼 수 있다. 즉 "성을 쌓고 해자를 파며, 경지를 정리하고 조세를 정하였다."[23] 여기에서 "경지를 정리한다."는 말은 농민들에게 '사전'을 준다는 의미이고 "조세를 정한다."는 말은 제후의 '공전'을 의미한다고 할 수 있다. 『시경詩經』, 「소아小雅·대전大田」에는 이에 대하여 "먹구름 뭉게뭉게 일어 듬뿍 비를 몰아다 우리 공전에 비 내리고 우리 사전에도 적셔준다."[24]라

---

21) 동양사학회에서 편 『槪觀 東洋史』와 晁福林의 『夏商周的社會變遷』과 左言東의 『中國政治制度史』 그리고 翦伯贊의 『先秦史』 등에서 서주 사회의 형태를 봉건 영주제 사회로 묘사하고 있다.

22) 金景芳의 『中國奴隸社會史』와 范傳賢의 『中國古代社會探微』 등에서 서주 사회의 형태를 노예제 사회로 묘사하고 있다.

23) 『詩經』, 「大雅·韓奕」, "實墉實壑, 實畝實籍."

고 더욱 분명하게 나타나 있다. 이와 같이 볼 때 농민들의 '사전'과 지배계층의 '공전'은 서로 이어져 있는 것임을 알 수 있을 것이다.

맹자는 『시경詩經』을 근거로 하여 조세법과 '공전'을 연결하여 다음과 같이 주장했다. 즉 "오직 공전에만 조법을 둔다."[25]에서와 같이 '공전'이 존재하는 조건 아래에서만이 조세징수가 가능한 것이라는 주장이다. 맹자의 결론은 "비록 주나라라 하더라도 역시 조법을 쓴 것이다."[26]인데, 이는 서주 왕조가 '공전제도公田制度'를 실행했기 때문에 그에 부합하는 조세법(조법)[27] 역시 실행되었다는 의미이다.

일반 백성들이 소유하고 있었던 '사전'에 관해서는 『시경詩經』에 기록되어 있는 "나는 두둑 쌓고 도랑 파서, 동남쪽으로 밭이랑 낸다."[28]나 "우리네 농사 잘된 것, 농부들의 복."[29]이라는 문구에 잘 반영되어 있다고 할 수 있다. 이것은 내 토지를 개간하여 동남쪽 방향으로 농토를 확대하여 풍족하게 수확한 것을 행복해 한다는 의미이다. 또한 당시의 일반 백성들은 '사전'을 소유하고 있었을 뿐만 아니라 농기구를 이용하여 수확량을 확대해 갔다.

또한 맹자는 조세법과 정전제도를 결합시켜 여덟 가구가 공동으로 정전을 경작한다는 이론을 내놓는데 다음과 같다. 즉 "지방에서

---

24) 『詩經』, 「小雅・大田」, "有渰萋萋, 興雨祁祁, 雨我公田, 遂及我私."

25) 『孟子』, 「滕文公上」, "惟助爲有公田."

26) 『孟子』, 「滕文公上」, "雖周亦助也."

27) 조법助法은 사전私田의 10분의 1에 해당하는 공전公田을 경작하여 그 수확량을 세금으로 납부하는 제도이다. 이기동, 『孟子講說』, 서울, 成均館大學出版部, 1993년, 227쪽 참조.

28) 『詩經』, 「小雅・信南山」, "我疆我理, 東南其畝."

29) 『詩經』, 「小雅・甫田」, "我田旣臧, 農夫之慶."

는 아홉에 하나를 징수하되 조법助法을 쓰고, 도성에서는 열에 하나를 징수하되 스스로 납부하게 하십시오.……고향 땅의 경작지를 함께 경작하는……사방 1리가 되면 정지井地가 되는 것이니, 구백 무를 정井자로 나누어 그 가운데가 공전公田이 된다. 여덟 가구가 모두 각 백무씩을 사전私田으로 받는데, 함께 공전을 경작하여 공전의 일이 끝난 뒤에야 비로소 사전을 경작하게 하는 것은 군자와 야인을 구별하기 위한 것이다."[30] 이상의 인용문에서 볼 수 있듯이 맹자는 등滕나라 문공文公에게 정전제井田制의 실시를 적극 건의하는데, 이러한 정전제는 맹자의 이상적인 토지제도였다. 정전제는 맹자 이후에도 여러 사상가들에 의해 제창되기는 했으나 실제로 실행된 적은 없었다. 그렇다고 해서 서주시기에 '공전'과 '사전' 및 조세제도 존재하지 않았다는 것은 아니다.

'공전'과 '사전'의 편제에 관하여 옛 문헌에 반영되어 있는 일반적인 형태로는 '공전'은 자연 촌락의 중앙부에 위치하고 '사전'은 '공전'의 주위를 둘러싸고 모습을 하고 있다. "밭 가운데 집이 있고, 밭가 두둑에 오이 열려"[31]라는 기록을 통해서도 충분히 짐작할 수 있을 것이다. 당시 일반 백성들의 취락형태는 경작지를 중심으로 형성되었으며 그 경작지에 오이나 채소 등을 심었는데 바로 그 가운데에 '공전'이 있었다. 또한 『이아爾雅』에는 "읍(도성)의 바깥을 교(농경지)라고 하고, 교의 바깥을 목(방목지)이라고 하고, 목의 바깥을 야(들판)

30) 『孟子』, 「滕文公」, "請九一而助, 國中什一使自賦,……鄕田同井,……方里而井, 井九百畝, 其中爲公田, 八家皆私百畝, 同養公田, 公事畢, 然後敢治私事, 所以別野人也."

31) 『詩經』, 「小雅·南信山」, "中田有廬, 疆場有瓜"

라고 하고, 야의 바깥을 림(숲)이라고 한다."[32]고 언급되어 있는데, 여기에서의 '야野'는 자연촌락과 비슷하다고 할 수 있다. 이곳에는 당시의 자연촌락의 모습을 농지와 방목지 그리고 숲으로 이루어진 형태로 묘사하고 있음을 발견할 수 있다.

'공전'은 노역과 조세가 함께 이루어지는 곳이었다. 조세제도는 백성들이 지배계층에게 자신들의 노역과 세금을 납부해야 하는 강제적인 조치였다고 할 수 있는 것이다. '사전'은 지배계층이 백성들의 노동력을 얻기 위해 그들에게 나누어준 일부의 토지라고 할 수 있다. 이러한 '사전'에 의해서 백성들은 자신들의 경제적 여건을 유지할 수 있었던 것이다. 단 백성들은 '사전'을 분배받아서 토지에 대한 점유권을 가지고 있기는 하였지만 소유권은 없었다. 모든 토지의 소유권은 명목상으로 천자에게 국한되어 있었으나 실제적으로는 제후를 비롯한 지배계층이 가지고 있었다. 일반 백성들은 지배계층과는 종법관계를 갖고 있지는 않았지만 그들이 경작하던 토지는 종법제도의 속박으로부터 자유로울 수는 없었다. 그러므로 그들은 종법체제 속에 편재될 수밖에 없었던 것이다.

서주시기에 있어서 '공전'과 '사전'은 당시의 경제관계의 가장 기본적인 토대였다. 조세제도는 다음과 같은 두 종류의 방식에 의해 실시되었을 것이다. 즉 백성들은 매년 혹은 매 분기마다 '공전'에 가서 일정한 시간을 경작하는 방식과 각 농가에서 매년 영주를 위해 일정한 농지에서 경작을 하여 그 수확물을 바치는 방식이다.[33] 이

32) 『爾雅』, 「釋地第九」, "邑外謂之郊, 郊外謂之牧, 牧外謂之野, 野外謂之林."
33) 侯外廬, 『中國封建社會』, 北京, 人民出版社, 1957年, 260~261쪽 참조.

러한 제도 속에서 백성들은 '사전'에 대한 점유권이 있음과 동시에 자신의 독립적인 경제적 토대를 가지게 되었으나, '공전'에서 반드시 일정기간 경작활동을 해야만 했다. 또한 지배계층을 위해 '공전'을 경작해야만 했던 당시의 백성들은 개인의 자유가 제한되는 상황이 발생하여 이를 원망하게 된다. 이점에 관한 문헌의 기록은 적지만 『시경詩經』에는 당시 백성들의 원성을 묘사한 노래들이 적지 않게 보인다. 즉 "농사도 짓지 않았는데 어찌 삼백 호 곡식을 거둬들이는가? 사냥도 하지 않았는데 어찌 그대 뜰에 담비가 걸려있는 것이 보이는가? 저 진정한 군자는 하는 일 없이 남의 밥 먹지 않는다네."[34] 또한 "큰 쥐야 큰 쥐야, 우리 기장 먹지 마라. 삼 년 너를 섬겼는데, 나를 돌보지 않는구나. 이제는 너를 떠나, 저 즐거운 땅으로 가련다. 편안한 땅 편안한 땅이여! 거기 가면 내 편안히 쉴 수 있지."[35] 이상과 같은 사례에서 볼 수 있듯이 당시의 백성들은 일하지 않고 호의호식하는 지배계층에 대하여 분노를 하며 심한 경우는 지배계층으로부터 떠난다는 말을 공공연히 한다. 그러나 일반 백성들은 토지에 속박되어 있었기 때문에 영주를 떠난 자유란 공허한 메아리에 그쳤다.

조세제도가 시행되는 상황 속에서 백성들은 '공전'에서 경작을 해야 하는 의무 이외에 기타의 노역과 공물납부의 의무도 있었다. 즉 "좋은 누각을 만들기 시작하여, 측량 해보고 다져보며, 백성들이 거

34) 『詩經』, 「魏風 · 伐檀」, "不稼不穡, 胡取禾三百廛兮? 不狩不獵, 胡瞻爾庭有縣貆兮? 彼君子兮, 不素餐兮!"

35) 『詩經』, 「魏風 · 碩鼠」, "碩鼠碩鼠, 無食我黍. 三歲貫女, 莫我肯顧. 逝將去女, 適彼樂土. 樂土樂土, 爰得我所."

들어 며칠 안 되어 완성되었다."[36]에서와 같이 건축공사에 동원되기도 하였다. 또한 그들은 지배계층에게 각종 공물을 납부해야 했는데, "팔월에 길쌈을 할 때, 검은색 노란색 물들여, 내가 들인 빨간색 제일 고와, 공자님 바지감 삼는다.……여우랑 살쾡이 잡아, 공자님 갖옷감 삼는다.……작은 짐승은 우리가 갖고, 큰 짐승은 임금님께 바친다."[37]는 기록 속에서 그 실례를 찾아볼 수 있다.

서주시기는 철제 농기구와 우경牛耕이 아직 출현하지 않았기 때문에 당시의 농민들은 석제 혹은 골제 농기구에 의존해야 했다.[38] 그 결과 각 농가에서 경작할 수 있는 경작지의 면적은 제한적일 수밖에 없었다. 그러나 지배계층의 '공전'은 수십 혹은 수백 호의 농가가 그 주위를 둘러싸고 있을 정도로 그 규모가 비교적 컸다. 이와 같이 지배계층의 '공전'은 그 자체가 하나의 커다란 경제체제로서 역할을 하고 있었다.

이상과 같이 볼 때 서주시기의 종법제도는 그 기원을 봉건제도에서 찾아볼 수 있는데, 이 시기의 모든 토지는 종가의 적장자가 세습 소유하였으며 이러한 형태는 영주제의 성격을 띤다고 할 수 있는 것이다. 즉 종법제도는 봉건제와 맞물려 있는 시스템을 형성하고 있다고 말 할 수 있을 것이다.

---

36) 『詩經』, 「大雅 · 靈臺」, "經始靈臺, 經之營之, 庶民攻之, 不日成之."

37) 『詩經』, 「國風 · 七月」, "八月載績, 載玄載黃, 我朱孔陽, 爲公子裳.……取彼狐狸, 爲公子裘.……言私其豵, 獻豜于公."

38) 許卓云, 『西周史』, 北京, 三聯書店, 1994年, 235쪽 참조.

5. 맺는 말

이상과 같은 논거들을 통하여 본문에서는 고대 중국의 종법제도에 대하여 다음과 같은 사실들을 파악할 수 있었다.

종법제도는 종가大宗과 분가小宗 및 적장자제도를 명확하게 구분하고 그것을 근거로 하여 각급 귀족자손들에게 신분에 맞는 세습봉토와 작위를 수여하는 것을 중심으로 하는 제도였으며, 이러한 종법제도는 종가의 적장자 세습제를 시행하고, 천자나 제후 그리고 대부의 작위도 세습제를 시행하며, 종가와 분가는 혈연을 통한 관계를 형성하고 있다. 또한 정치적으로는 군신관계의 형태를 취하고 있었다. 또한 분봉의 형태를 통하여 그 제도를 유지시킬 수 있었는데, 분봉에는 작위와 토지 백성들을 포함하는 것이다. 분봉의식은 일반적으로는 성대한 의식을 통하여 거행되었으며, 천자나 제후에 의해서 작위와 토지 및 백성들이 수여되는 것까지 포함되어 있었다.

서주 왕실은 봉건제에 의한 통치 질서의 유지와 차별화 된 정치적 요구에 적응하기 위하여 그것에 상응하는 종법제도를 제정하여 양자를 점진적으로 통합시켜 나갔다. 이러한 통합의 결과로 종법제도가 정치체제에 종속되는 현상이 발생하게 되며, 그들이 이러한 체제를 건립한 목적은 후손들이 봉토와 작위 때문에 분쟁을 일으키는 것을 사전에 방지하자는 의도에 있었다. 그러나 서주 중후기 이후 농업생산방식이 귀족 중심의 집단생산 방식에서 대지주를 중심으로 한 개별생산 방식으로 변화되어 감에 따라 과거 종법제도와 밀접한 관계를 맺고 있던 신분질서의 구조 역시 변화하게 된다. 즉 종법제도와 정치 구조의 통합 시스템은 점차 붕괴의 길을 향하여 치닫게 된다.

종법제도의 경제적인 측면은 토지제도에서 찾아볼 수 있다. 즉 서주시기에 있어서 '공전'과 '사전'은 당시의 경제관계의 가장 기본적인 토대였다. 또한 당시의 조세제도의 방식은 백성들이 매년 혹은 매 분기마다 '공전'에 가서 일정한 시간을 경작하는 방식과 각 농가에서 매년 영주를 위해 일정한 농지에서 경작을 하여 그 수확물을 바치는 방식이었다. 이러한 조세제도가 시행되는 상황 속에서 백성들은 '공전'에서 경작을 해야 하는 의무 이외에 기타의 노역과 공물납부의 의무도 있었다.

당시의 지배계층의 '공전'은 수십 혹은 수백 호의 농가가 그 주위를 둘러싸고 있을 정도로 그 규모가 비교적 컸다. 이와 같이 지배계층의 '공전'은 그 자체가 하나의 커다란 경제체제로서 역할을 하고 있었다.

참고문헌

左丘明, 『國語』, 『四部備要』 本.

朱彬, 『禮記訓纂』, 『宜祿堂』 清刻本.

郝懿行, 『爾雅義疏』, 『郝氏遺書』 本.

朱公遷, 『詩經義疏』, 『四庫全書』 本.

孫星衍, 『尚書今古文注疏』, 『平津館叢書』 本.

趙汸, 『春秋左氏傳補注』, 『通志堂經解』 本.

焦循, 『孟子正義』, 『焦氏遺書』 本.

張蔭麟, 『中國史綱』, 北京, 三聯書店, 1955년.

侯外廬, 『中國封建社會』, 北京, 人民出版社, 1957년.

中國古代史教學小組編, 『先秦史』, 長春, 東北師範大學函授教育處, 1958년.

周谷城, 『中國政治史』, 北京, 中華書局, 1982년.

金景芳, 『中國奴隸社會史』, 上海, 上海人民出版社, 1983년.

左言東, 『中國政治制度史』, 杭州, 浙江古籍出版社, 1986년.

侯志義, 『采邑考』, 西安, 西北大學出版社, 1989년.

范傳賢, 『中國古代社會探微』, 鄭州, 中州古籍出版社, 1993년.

許卓云, 『西周史』, 北京, 三聯書店, 1994년.

晁福林, 『夏商周的社會變遷』, 北京, 北京師範大學出版社, 1996년.

이기동, 『孟子講說』, 서울, 成均館大學出版部, 1993년.

동양사학회 편, 『概觀 東洋史』, 서울, 지식산업사, 1987년.

참고문헌

[원전류]

左丘明,『國語』,『四部備要』本.

朱彬,『禮記訓纂』,『宜祿堂』清刻本.

郝懿行,『爾雅義疏』,『郝氏遺書』本.

朱公遷,『詩經義疏』,『四庫全書』本.

孫星衍,『尙書今古文注疏』,『平津館叢書』本.

趙汸,『春秋左氏傳補注』,『通志堂經解』本.

楊伯峻,『春秋左傳注』, 北京, 中華書局, 1996년.

黃侃,『論語義疏』,『皇淸經解』本.

朱熹,『論語集注』,『海淵閣』明刻本.

劉寶楠,『論語正義』,『續皇淸經解』本.

朱熹,『大學章句』,『海淵閣』明刻本.

朱熹,『中庸章句』,『海淵閣』明刻本.

朱熹,『孟子章句集註』,『海淵閣』明刻本.

焦循,『孟子正義』,『焦氏遺書』本.

劉文典『莊子補注』, 昆明, 雲南人民出版社, 1991년.

王陽明,『王陽明全集』上册, 上海, 上海人民出版社, 1992년.

司馬遷, 瀧川資言會注考證,『史記會注考證』, 太原, 北岳文藝出版社, 1999년.

許愼撰, 段玉裁注,『說文解字注』, 上海, 上海書店, 1992년.

[중국자료]

邱鎮京,『孔子思想述論』, 臺北, 文津出版社, 1971년.

唐華,『孔子哲學思想源流』, 臺北, 正中書局, 1977년.

吳康,『孔孟學說叢書』, 臺北, 三民書局, 1977년.

陳大齊,『孔子思想研究論集(二)』, 臺北, 黎明文化事業公司, 1983년.

徐仲林 外,『孔子教育思想研究』, 北京, 人民教育出版社, 1985년.

中華孔子研究所,『孔子研究論文集』, 北京, 教育科學出版社, 1987년.

劉錫辰,『孔子及其教育思想』, 開封, 河南大學出版社, 1988년.

鍾肇鵬,『孔子研究』, 北京, 中國社會科學出版社, 1990년.

蔡仁厚,『孔孟荀哲學』, 臺北, 學生書局, 1991년.

舒大剛,『孔子的智慧』, 延吉, 延邊大學出版社, 1995년.

H.G.Creel,『孔子與中國之道』, 太原, 山西人民出版社, 1993년.

趙起彬,『論語新探』, 北京, 人民出版社, 1976년.

匡亞明,『孔子評傳』, 濟南, 齊魯書社, 1985년.

錢穆,『孔子與論語』, 臺北, 聯經事業公司, 1988년.

錢穆,『論語要略』, 臺北, 臺灣商務印書館, 1987년.

詹智明,『論語與經商藝術』, 香港, 漢湘文化出版社, 1997년.

屈萬里,『書庸論學集』, 臺北, 聯經出版事業公司, 1984년.

許宗興,『孟子的哲學』, 臺北, 臺灣商務印書館, 1989년.

馮友蘭,『中國哲學簡史』,『三松堂全集』第六卷, 鄭州, 河南人民出版社, 1988년.

侯家駒,『先秦儒家自由經濟思想』, 臺北, 聯經出版事業公司, 1985년.

朱家禎,『中國經濟思想史論』, 北京, 人民出版社, 1985년.

杜國庠,『先秦諸子思想概要』, 北京, 三聯書店, 1955년.

唐慶增,『中國經濟思想史論』, 北京, 人民出版社, 1985년.

李劍農,『先秦兩漢經濟史稿』, 北京, 中華書局, 1962년.

陳紹聞,『中國經濟思想簡史』, 上海, 上海人民出版社, 1978년.

陳紹聞,『中國古代經濟文選』, 上海, 上海人民出版社, 1983년
胡寄窗,『中國經濟思想史』, 上海, 上海人民出版社, 1983년.
葉龍,『歷代人物經濟故事』, 香港, 壹出版有限公司, 1996년.
錢公博,『經濟思想論集』, 臺北, 學生書局, 1975년.
黎紅雷,『現代管理與儒家知慧』, 臺北, 天地圖書出版有限公司, 1992년.
林語堂,『中國的智慧』, 臺北, 正中書局, 1994년.
傅佩榮,『儒道天論發微』, 臺北, 學生書局, 1989년.
秦家懿・孔漢思,『中國宗教與西方神學』, 臺北, 聯經出版事業公司, 1993년.
牟宗三,『中國哲學的特質』, 臺北, 學生書局, 1991년.
余英時,『中國知識階層史論』, 臺北, 聯經出版事業公司, 1980년.
李澤厚,『中國古代思想史論』, 北京, 人民出版社, 1986년.
徐復觀,『中國人性論史』, 臺北, 臺灣商務印書館, 1990년.
楊寬,『古史新探』, 北京, 中華書局, 1965년.
成中英,『知識與價值』, 臺北, 聯經出版事業公司, 1986년.
黃維幸,『法律與社會理論的批判』, 臺北, 時報文化事業公司, 1991년.
瞿同祖,『中國法律與中國社會』, 臺北, 里仁, 1987년.
徐復觀,『中國思想史論集』, 臺北, 學生書局, 1983년.
徐復觀,『中國思想史論集續篇』, 臺北, 時報文化事業公司, 1985년.
蕭公權,『中國政治思想史』(上), 臺北, 聯經出版事業公司, 1990년.
Hans-Georg Gadamer, 洪漢鼎 譯,『眞理與方法』, 上海, 上海譯文出版社, 2004년.
宋淑萍,「淵源有自一先秦學術的萌芽」,『浩瀚的學海』, 北京, 三聯書店, 1991년.
張蔭麟,『中國史綱』, 北京, 三聯書店, 1955년.
侯外廬,『中國封建社會』, 北京, 人民出版社, 1957년.
中國古代史教學小組編,『先秦史』, 長春, 東北師範大學函授教育處, 1958년.
周谷城,『中國政治史』, 北京, 中華書局, 1982년.
金景芳,『中國奴隸社會史』, 上海, 上海人民出版社, 1983년.

左言東,『中國政治制度史』, 杭州, 浙江古籍出版社, 1986년.
侯志義,『采邑考』, 西安, 西北大學出版社, 1989년.
范傳賢,『中國古代社會探微』, 鄭州, 中州古籍出版社, 1993년.
許卓云,『西周史』, 北京, 三聯書店, 1994년.
晁福林,『夏商周的社會變遷』, 北京, 北京師範大學出版社, 1996년.

[일본자료]

木村英一,『孔子と論語』, 東京, 創文社, 1971년.
白川靜,『孔子傳』, 東京, 中央公論社, 1989년.
增淵龍夫,『中國古代の社會と國家』, 東京, 弘文堂, 1960년.
松本雅明,「古典の形成」,『世界歷史』卷四, 東京, 岩波書店, 1970년.
小倉芳彦,『中國古代政治思想研究』, 東京, 青木書店, 1970년.
伊藤道治,『中國社會の成立』, 東京, 講談社, 1981년.
赤塚忠,『中國古代思想史研究』, 東京, 研文書店, 1987년.

[한국자료]

이기동,『孟子講說』, 서울, 成均館大學出版部, 1993년.
동양사학회 편,『概觀 東洋史』, 서울, 지식산업사, 1987년.
H.Fingarette, 송영배 역,『공자의 철학』, 서울, 서광사, 1993년.
松丸道雄 외, 조성을 역,『중국사개설』, 서울, 한울 아카데미, 1990년.
시라카와 시즈카 저, 장원철 역,『사람의 마음을 움직여 세상을 바꾸리라』, 서울, 한길사, 2004년.

[논문자료]

金谷治, 「鄭玄與『論語』」, 『唐寫本論語鄭氏注及其硏究』, 北京, 文物出版社, 1991년.

林義正, 「論語 '夫子之文章之硏究'」, 『文史哲學報』, 第四十二期, 臺北, 1995년.

顔厥安, 「論法哲學的範圍及主要問題」, 『哲學雜誌』, 第四期, 1993년.

徐復觀, 「封建政治・社會的崩潰, 及典型專制政治的成立」, 『新亞書院學術年刊』 第十一期, 香港, 1969년.

蕭高彦, 「共同體的理念」, 『臺灣政治學刊』, 第一期, 1996년.

王金凌, 「儒家倫理思想」, 『林炯陽先生六秩壽慶論文集』, 臺北, 洪業文化有限公司, 1999년.

河池重造, 「先秦時代'士'の諸問題」, 『史林』卷四十二, 1959년.

高木智見, 「春秋時代の神人共同體について」, 『中國-社會と文化』集五, 1990년.

찾아보기

ㅈ

약력

조원일(趙源一)

청풍명월의 고장이라고 할 수 있는 대전에서 출생하고 성장기의 대부분을 그곳에서 보냈다. 청소년기에 동서양고전에 심취해 있다가 고대의 지적(知的)전통에 대한 갈증을 해소하기 위해 충남대학교 철학과에 진학하여 중국철학과 중국어 공부에 전념했다. 대학졸업 후 臺灣으로 유학을 떠나 中國文化大學 대학원 철학과에서 석사학위를 취득하고, 다시 중국 본토로 유학을 가서 北京大學 대학원 철학과에서 박사학위를 취득하였다. 충남대학교 유학연구소, 남서울대학교 중국학과를 거쳐 현재 전남대학교 중국학과 교수로 재직하면서 전남대학교 이순신해양문화연구소장을 겸직하고 있다. 지은 책으로 『東吳哲學』, 『哲學·宗教與人文』(中國出版), 『半生緣』(영화로 배우는 중국어), 『맹자의 도덕사상과 정치사상』, 『고대중국의 사유세계』, 『동아시아의 유학사상』, 『선진유가의 사상』, 『맹자의 철학사상』 등이 있으며, 논문으로 「孔子的天論探微」 외 국외발표 다수 및 「王充의 天人關係論 硏究」 외 국내발표가 다수 있다. 고대 중국의 철학사상과 중국의 전통문화 분야에 지속적인 관심을 가지고 있으며, 중국의 역사와 인문지리에 관해서도 흥미를 가지고 연구를 진행하고 있다.

공자의 철학사상

인쇄 | 2013년 11월 11일
발행 | 2013년 11월 15일

지은이 | 조원일
발행인 | 지병문
발행처 | 전남대학교출판부

등록 | 1981. 5. 21. 제53호
주소 | 500-757 광주광역시 북구 용봉로 77
전화 | (062) 530-0571~2 **마케팅** 530-0573
팩스 | (062) 530-0579
홈페이지 | http://www.cnup.co.kr

값 11,000원

ISBN 978-89-6849-060-6 (93150)

이 도서의 국립중앙도서관 출판시도서목록(CIP)은 서지정보유통지원시스템 홈페이지(http://seoji.nl.go.kr)와 국가자료공동목록시스템(http://www.nl.go.kr/kolisnet)에서 이용하실 수 있습니다.
(CIP제어번호 : CIP2013023186)